カリスマ・ファンドマネージャーが明かす
97%の投資信託がダメなこれだけの理由

ファンドマネージャー
大島和隆

ビジネス社

はじめに

２０１７年10月の衆議院選挙で与党が圧勝したことで、国内では「安倍一強政治」などと揶揄する向きがある一方で、外国人投資家の日本への評価は「政権が安定している」とポジティブなものとなった。時機を合わせるかのように、選挙後から始まった企業の２０１７年７－９月期決算発表の内容は、そのアベノミクス効果が具現化してきたのか、選挙結果を讃えるかのような好決算揃いで株価は連騰し、ついに失われた20年といわれた時代の高値を更新している。

こうなると当然、お約束のようにそこかしこで盛り上がりを見せるのが資産運用の話。というよりは、盛り上げようとする動きが活発になるというのが正解かもしれない。銀行や証券会社はここぞとばかりに太鼓を叩き、マネー雑誌や多くの週刊誌が「お宝株を探せ」だの、「今買いどきの投資信託10選」みたいな特集を組んでお囃子を入れる。ネット上でも祭囃子に合わせるように、多くのブログやＳＮＳが一斉にピーヒャラ騒ぎだすという感じだろうか。

しかし、資産運用業界に30余年もいて思うことは、この業界の虚実混在のドロドロとした部分はまったく変わらないなということだ。なぜだろうか。結局、人間の欲得の極みであるお金に関わる話だから。そして大きなお金が動くからだと思う。

儲かることもあれば、損することもある。笑う人もいれば、泣く人もいる。それ自体は資本市場である以上は仕方がない話だが、できるなら、転ぶのだって、明日の立ち上がる糧となるように転んで欲しいと私は常々思ってきた。

1998年6月に『入門の金融　投資信託のしくみ』（日本実業出版社）という本を書かせてもらったのも、投資信託の銀行窓販解禁を前に、少しでも投資信託というこの素晴らしい仕組みを持った金融商品を正しく理解してもらって、正しく使って欲しいと思ったからだ。当時、現場10年目のファンドマネージャーの立場で書かせていただいた。

あれから20年が経ち、前著を書き下ろしたころに生まれた下の娘は大学生になり、長男はすでに社会人（実は銀行員）になった。ならばその間に、どの程度この業界が変わったのかと振り返ると、正直なところ、大きな変化はあまり見られない。金融庁が旗を振った金融事業者の「フィデューシャリー・デューティー宣言」にしてみても、何を今さらという感は否めない。ならば、昔はそんなに酷かったのかと子供たちに問われそうな気さえする。むしろ20年の間に、多くの情報が飛び交った分だけ、話がややこしくなったような気がする。耳学問も積み重ねれば、立派な理屈をこねられるようになるからだ。

そこで、息子が投資信託を売る立場になったの機に、一度この20年間を振り返って、投資信託にまつわるそれらねじれた糸をひも解く、すなわち澱のように溜まった誤解を整理してみたいという想いでこの本を書かせていただいた。執筆のお話があったとき、二つ返事で引き受けさせてもらったのも、そんな背景があったからだ。

２０１８年１月からは「つみたてＮＩＳＡ」も始まる。ぜひ、この本が「転ばぬ先の杖」となって、皆さまの素敵な資産運用を叶えてもらう一助になりえたら、筆者としてこれに優る喜びはない。

２０１７年12月

大島和隆

もくじ

第二章　投資信託の誤解（運用編）

第三章　投資信託の誤解（金融機関編）

第四章　投資信託の誤解（個人編）

第五章 投資信託のあるべき姿

序章

投資は常識で考えろ

投資の基本はまず「常識」だ

「貯蓄から投資へ」、または「資産運用元年」といった言葉をよく耳にするようになった。確かに、個人が預貯金以外に資産運用に使えるビークルも、以前と違ってだいぶ増えているように思われる。

しかし、実際に一般的な個人、つまり個人投資家などと呼ばれる層とは違う〝普通の人たち〟が、いざ「資産運用」を考えたときに、何から取り組んだらいいのかということについては、誰も教えてはくれない。悪くいえば、販売金融機関任せであり、また、インターネットやＳＮＳで錯綜する多くの情報任せの状況である。

だからといって、いそいそ本屋へ行って「資産運用コーナー」などに行けば、株式投資に関する本に始まって、ＦＸ入門書、ＮＩＳＡに関する本など、ありとあらゆる投資啓発書が並んでおり、どれから手にしたらいいのか判断に困るのが現実ではなかろうか。

事実、筆者も改めて数冊の本を購入してみたが、どれも帯に短し、襷に長しという内容なのは否めない。投資信託に関する本も例外ではなく、これまたその数も種類も多く、何から読んだらいいのかわかりづらい。実際、何を読んだらいいかわからないといった経験があるかたも多いのではないだろうか。

当然、インターネットやＳＮＳの中には、さまざまな情報が溢れている。ただ、そのどれ１つとして献身的な立場で〝あなたのために、今のあなたのためになる真実を語っています〟という保証は、どれにもついていない。なかには正しいものもあるが、残念ながら筆者の目からすると、とんでもないでたらめなものもある。

また、ＳＮＳでいえば、同業者がライバルの投稿に意図的に攻撃的で刺激的な反論や意見を書き込んでいるようなものがある。ネットの匿名性を巧みに利用したマーケティング戦略といってしまえばそれまでだが、翻弄されるのは多くの無垢な個人である。これらネットやＳＮＳを見るときは、必ずその出所や書き込み者の経歴などを注意深く見る必要がある。

こんな環境の中で、多少投資ということに興味を持って関心を抱き、聞き耳を立て、アンテナを高くしてしまうと、いつの間にか「門前の小僧習わぬ経を読む」ではないが、何となく耳学問だけでも「投資について多少わかった」つもりになりやすい。そして、やおら「投資信託でも買ってみるか」というような気持ちにもなってしまいかねない。実はこの状態が案外一番危ないのだ。人間には「与えられた状況に慣れる」という便利な特性がある。例えば、極寒の地から、いわゆる寒冷地に来ると、温かく感じてしまうようなものだ。これが投資という側面で起こっているとしたら、もしかすると、あなたの投資は思わぬ方向へ導かれてしまうかもしれない。

私がファンドマネージャーとして過ごした20余年の中で学んだ、重要なことの1つは「投資は常識で考えろ」ということだ。人間の判断軸は、そのときの自分に都合のいい方向に常に動いてしまいやすい。

実際に、株式投資経験者なら容易に想像がつくと思われるが、「1割値下がりしたら損切りしよう」と予め決めて何かを購入しても、実際に1割値下がりすると、「あのとき（購入時）とは状況が違っているから、もうしばらくは様子を見よう」と判断軸がブレてしまうことがよくあるからだ。

だからこそ、「投資は常識で考えろ」ということが重要になる。常識的に考えるとは、違和感や飛躍がないかを必ず確認しなさいということだ。金融人の常識は一般人の非常識と揶揄される話はいったんここでは横に置いといて、常識的に考えておかしいと思うものは、やはりどこかに問題があるものだ。

例えば、ITバブル真っ盛りのころ、PERが数千倍という高値をつけているIT銘柄が日本市場にあった。中国4000年の歴史ほどの時間軸でものをいえば、当時の利益水準と株価水準について説明できそうなものだが、市場は「ネット企業の収益は指数関数的に伸びるもの。足もとの損益などでは評価できない。ビジネスモデルそのものを評価すべきだ」と浮かれ、立ち止まろうとはしなかった。

一方、ITの本場アメリカの企業をつぶさに訪問調査し、個々の投資評価を下してきた筆者には、その状態はとても奇異なものに映った。それはビジネスモデル自体を評価するというスタンスで見たとしても、それはどうにもおかしなものに感じられたからだ。そのため、自分が運用を担当するファンドではそのような銘柄は一切手がけることなく、その後のバブル崩壊でファンドに迷惑をかけることもなく助かった。

機関投資家が買わない〝投資非適格〟商品が平然と売られている

投資信託とは、単なる金融商品の箱組み、枠組みのことの総称である。多くの投資家のお金を1つの投資信託という箱の中に入れて、それを専門家がある一定のルールや投資目標にそって合同運用するものである。逆に、ルールやあらかじめ示した投資目標の範囲内で、その運用方法をルールに適合させることさえできれば、中身はいかようにでもアレンジできる。

かつて、某社の投資信託で、何代目かの賢明なファンドマネージャーが、目論見書上に外貨建て資産も組み入れ可能との記載があることを見つけ、その人が担当している時代だけ、外国株式が組み入れられたことがある。筆者がかつて開発したファンドのように、初めから外国株式に投資することを意図したファンドではなかったが、これはルールの範囲内ということで、一切問題にはならず、むしろ良好なパフォーマンスをあげたので、業界でも大変評判がよかった事例だ。

何か新しい投資スキームを開発したり、思いついたりしたとき、それをルールに適合するように調整できれば、運用に取り入れられるし、当然、それを商品化できるかが新商品開発者の腕の見せ所だ。だがもし、そこにあるのがビジネス・マインドだけ（金融機関側の収益追求だけ）だと、とんでもない商品を生み出してしまうことさえある。

実際、現在の超々低金利のためか、「バンクローン・ファンド」のような、本来は一般の個人に推奨すべきかどうか多くの疑問が残るようなファンドが、その目先の高金利を謳い文句に販売を伸ばしている。2000年前後だったと思うが、パトナム社が運用する「ハイ・イールド・ファンド」なるものが初めて登場したときも、「ジャンクボンド・ファンドなんか売っていいいんだ?」と素朴に思い、かつて執筆した『入門の金融 投資信託のしくみ』(日本実業出版社)にもその通りに書いたことがある。そして今、同じような思いで「バンクローン・ファンド」を眺めている。

それは「バンクローン」とは何か、そもそもその投資対象となる「投資適格未満(BB格以下)企業へのローン債権」とは何か、そのリスクとは何か、本当に金融機関の窓口で説明している販売員は理解しているのかという疑問である。そして当然、窓口に来て投資信託を買う人は、その本質的なリスクを理解されているのかという危惧である。

おそらく多くの個人は、それが「ジャンクボンド」、または「ジャンク債」などと説明されれば、自分の大切な虎の子を投じることに慎重になるだろう。かつてジャンクボンド王と呼ばれたマイケル・ミルケン氏のことは知らずとも、ジャンクと呼ばれればそれがどういう性格のものかはおおよそ見当がつくからだ。

他資産との利回り比較

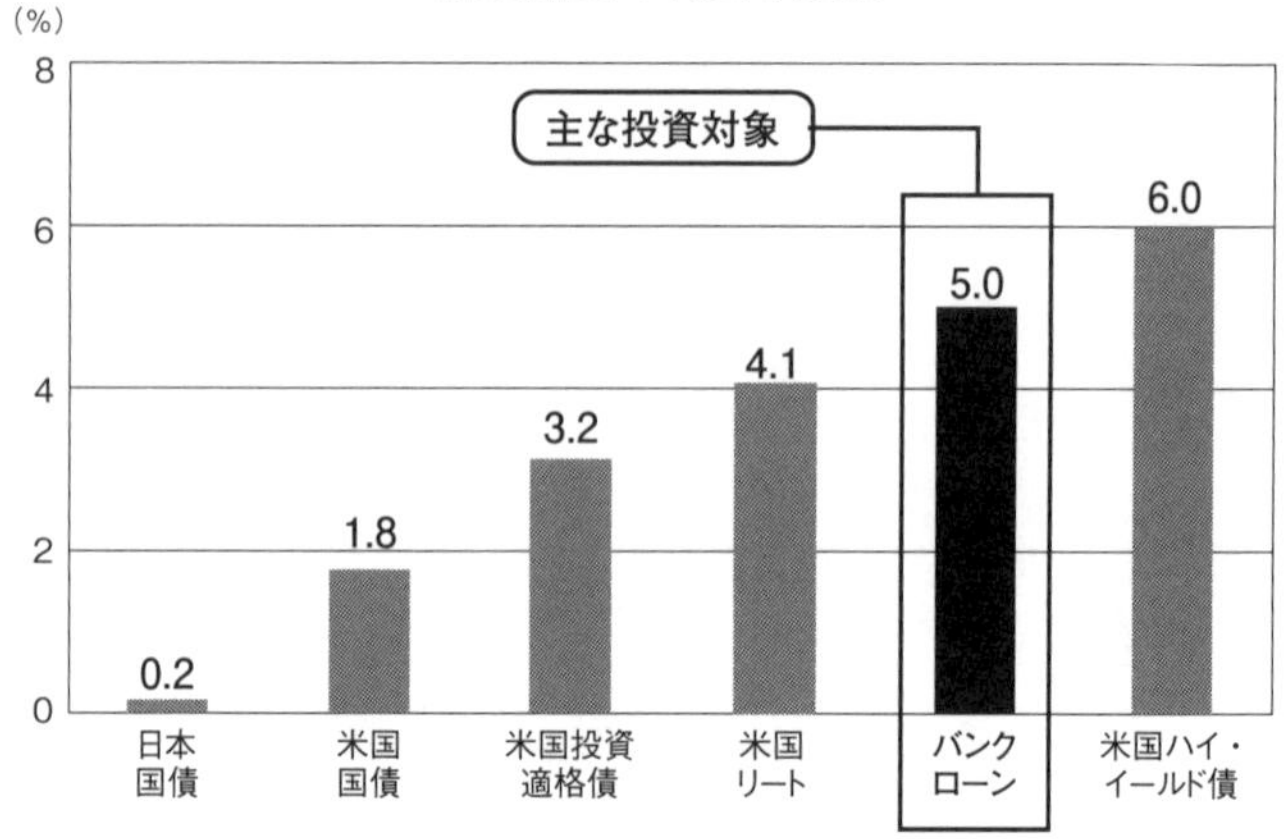

説明をすると、「ジャンクボンド」や「ジャンク債」と呼ばれるものは、格付会社などが信用格付に「BB」（ダブルビー）以下の格付けを付与した債券のことを指す。機関投資家が通常の投資対象として「投資適格」とするのは、その1つ上の段階の「BBB」格なので、「BB」以下というのは機関投資家にとっては、「投資非適格」ということになる。だが、この「BB」以下の債券をリテールで販売する段階では、金融機関は「ハイ・イールド・ボンド」（日本語だと〝高利回り債〟でしかない）と名称をお化粧することで、その本質的なリスクを表面の印象から消し込んでしまった。

現在、世の中に流通する「ハイ・イールド債券ファンド」と呼ばれるものは、全て「ジャンクボンド・ファンド」と言い換えて差し支えない。そして、綺麗なデザインのパンフレットに包んで販売し、ビジネス的には大成功を収めた。

翻って「バンクローン・ファンド」だが、その交付目論見書を見ると、ほぼ全ての商品のそれにおいて、各債券等の利回り比較のチャートが記載されている。これは交付目論見書の記載要件を満たすためだが、「国債➡投資適格債➡リート➡バンクローン➡ハイ・イールド債」と順番に利回りが高くなるようにわかりやすくチャートで示されている。

「リスク・リターンのトレードオフ」(※後述)を理解している人ならば、バンクローンの位置づけは、投資適格債よりはハイリスク・ハイリターンになるが、耳慣れた「ハイ・イールド債券」よりは低リスク、その代わりやや利回りが低いものとして安全に映ってしまう。まさに極寒地から寒冷地に移動したようなものだ。温暖な気候のところに比べれば明らかにとんでもなく寒いのだが、極地のような極寒地に慣れ切っているので、むしろ温かくなったと感じてしまうようなものらしい。

しかし考えてみてほしい。

「BB」格以下という意味は、前述したように機関投資家の目から見ると、「投資非適格」という烙印の格付けである。彼らはリスク・コントロールのできる範囲でのみ、こうした

「投資非適格」と格付けされたものを取り扱うか、あるいは全く投資対象としない。

企業の資本構造（弁済順位）のイメージ

＊担保処分による回収後のバンクローンの弁済順位は無担保社債と同順位となります。

バンクローンとは、「BB」格以下の企業に対する貸付債権を銀行のバランスシートから切り離して売買されているもので、一般には担保付と言われていることもあり、当該企業の社債（無担保または劣後）に投資するよりは、やや利回りも低い代わりに、その分安全という印象を抱かせることができる。

多くの交付目論見書に、「企業の資本構造（弁済順位）のイメージ」なる図があり、一番下から「普通株式⬇優先株式⬇社債（無担保または劣後）⬇バンクローン（担保付）」と示されている。4段階あるうちで一番上だから安全だということを示すことを意図していると思われる。これらの説明で「ハイ・イールド・ボンド」（ジャンクボンド）よりも安心という印象を持たせることに成功し、ビジネス的には成功したのだろうが、冷静にバンクローンの下の3つを見てほしい。

もし、1つの企業が破綻したときには、買掛金のようなこれより上の弁済順位の債権が当然あり、また担保の種類によっては、必ずしも破綻時に担保価値があるとは断定できないのが本当のところである。

しかし、そもそも不思議に思ってほしいのは、主として米国の、それも一般には優秀とされる銀行員が適切に貸付審査をした上で実行したローン債権、いわばプロがリスクを取った資産を、どうして銀行はバランスシートから切り離して、誰かに転売しなければならないのか。そして、それがどうして米国内の個人だけで消化し切れず、日本の個人も買える状況になるのだろうか。

当然、そこには色々なＢＩＳ基準や米国金融当局の厳しい規制や指導があり、１つの銀行が抱えきれるリスクを一定以上にさせないようにする制度が後押しをした一面は否定しない。

しかし、もし本当にそれらがいい商品（まともな資産）ならば、米銀はバランスシートから切り離す必要はないはずだし、日本の機関投資家が先を争って購入しないのはなぜなのか。そして、どうして日本の個人にまでその投資機会が与えられているのか。考えだしたら多くの疑問が頭に浮かぶ。

商品の詳細なリスクを説明できない銀行員や証券マン

そしてそもそも、それら多くの疑問について、日本の銀行員や証券マンはすべてクリアに説明し切れるのであろうか。日本の銀行員が、他行のローン債権を自店の大切なお客様に販売することについて私には大きな違和感がある。仮にセオリーは説明できても、個々の貸出先についての詳細な情報は、販売金融機関では把握できないのだから。金融人の常識では普通のことでも、筆者にはどうしてもここが解せない。これは「貯蓄から投資へ」と当局が旗を振る内容に合致しているのだろうか。いわんや、昨今話題のＦＤ宣言（フィデューシャリー・デューティー）と整合的なのか疑問である。

しかし、現実問題として、ハイ・イールド債券のファンドもバンクローンのファンドも投資信託として定着し、相当額の金額を個人が購入している。ではなぜ、個人は投資信託が必要で、金融取引／金融市場に参加しているのだろうか。

貯蓄から投資へと政府が言っているから、周りの人も買っているから、サブリミナル効果を起こしそうなほどにあちこちで宣伝しているから、ネット上でブロガーの人などが連呼しているから、そんな理由からでは投資など上手く行くはずがない。「なぜ普通の個人にとって投資信託が必要なのか」を考え、個人が金融取引/金融市場に参加する意味をまず再考することは、次の投資を成功させるうえで極めて意義深い。

もし今が1980年代後半で、1年物の定期預金金利が5・5%、期日指定定期預金に3年預けると5・75%が複利で回った時代なら、一番合理的でスマートな投資方法は預貯金である。しかし、金利自由化の流れの中で、徐々に預貯金金利は下がり、中期国債ファンドなるものが登場し、証券会社が普通の個人にとっても身近な金融機関になり始めた頃だったが、当時はやはり、預貯金が最も合理的でスマートな投資先だった。

もちろん、右肩上がりの株式市場があったし、まだ土地神話は崩れていない状況であったが、もしタイムマシーンで過去に戻れるのなら、友人・知人には預貯金を勧める。

それはその後のバブル崩壊を知っているからではなく、不必要なリスクを取ってまでもリターンを狙いに行く必要性がない水準に、銀行の預貯金金利があったからだ。これほどの金利水準を預入時に約束されて、いつでも出し入れ自由な換金性が担保され、その上元金保証という条件ならば、コアとなる資産は預貯金が一番良い。

ただ、今は残念ながらもうそういう時代ではなく、銀行の護送船団行政も終わり、元金の保証さえもない。

物価は日銀がいくら躍起になっても、一向にインフレ目標である2％を達成できない、やっとデフレを脱したか、脱していないかの状況なので、インフレをヘッジするという名目で資産運用をする必然性は実は大変希薄である。

実はこれは、大変大事なポイントだ。

「貯蓄から投資へ」といかに政府が旗を振ろうと、金融機関の人間が足繁く通って来ようが、物価上昇がない世界、すなわちデフレ、もしくは超低インフレの環境下においては、資産運用の大事な目的の一つである「インフレ・ヘッジ」という大義はワークしない。預貯金の金利が雀の涙にさえもならないほど微々たるものであっても、その大義はない。

ならば、金利水準以外に、人々を資産運用に駆り立て、政府自らが旗を振って「貯蓄から投資へ」を国策として行わなければならない理由は何かと言えば、それは社会福祉政策がすでに破綻していることを政府も理解しているからだ。

ここで年金問題を語ると、それだけでもう一冊の本が書けてしまうので大きく省くが、要するに、この国の逆三角形の人口動態を考えるだけでも「国が皆さんの老後を、今まで

世帯主の年齢階級別貯蓄・負債現在高、負債保有世帯の割合
（二人以上の世帯）－2016年－

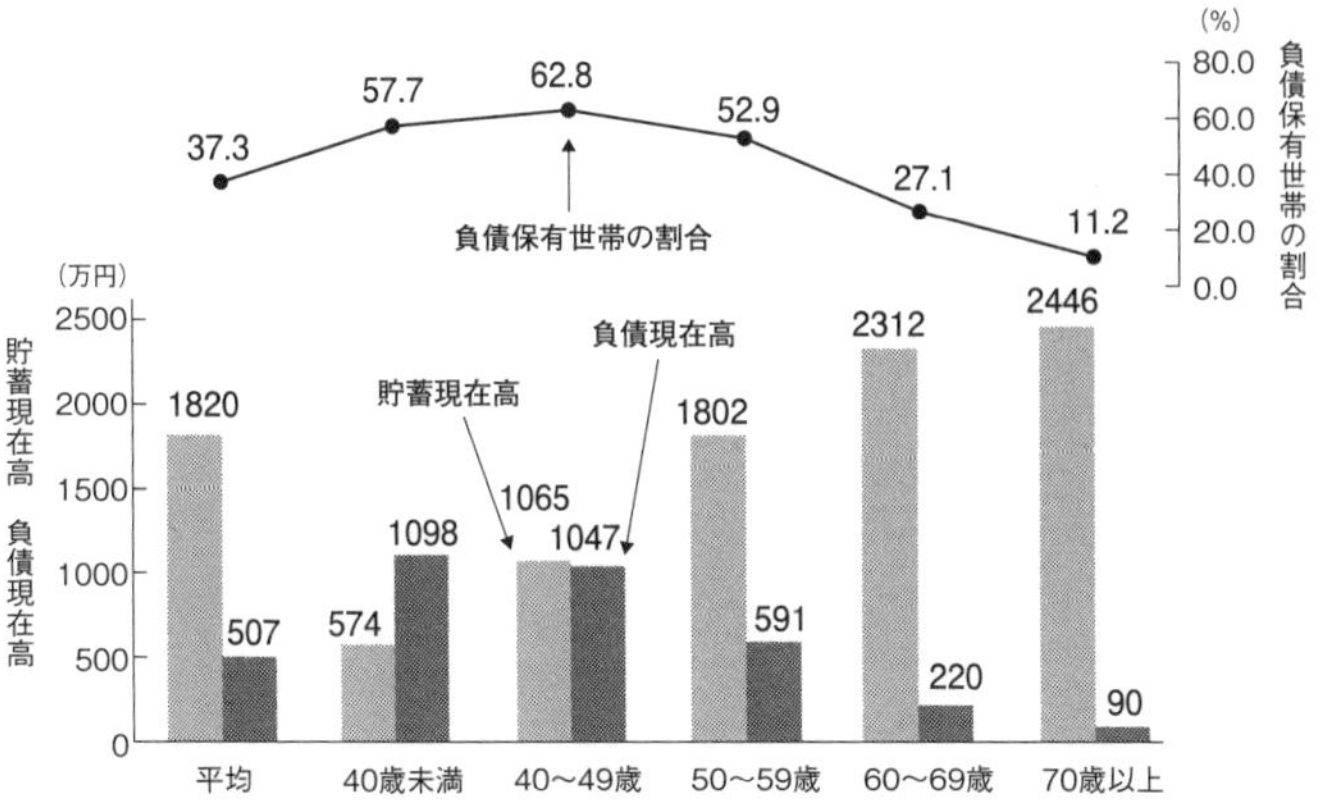

通りのやり方で面倒見てあげることはもうできません。これ以上の社会福祉充実は、将来世代につけと禍根を残すだけです。だから、これから老後を迎える人は、自分で何とか老後資金を稼ぎ出すようにしてください」という意味と解釈できる。

２０１７年５月16日付で公開された総務省統計局による「家計調査」の「貯蓄・負債編」最新版速報値（２０１６年分）で確認すると、２０１６年現在、60～70歳30・3％、70歳以上38・1％、すなわち、合計約7割の個人金融資産が高齢者に偏在していることがわかる。

一方、厚労省が行った「平成28年就労条件総合調査」の結果を基にして、「定年」の現状を確認すると、95・4％の会社に定年制があり、

定年制がある企業の定年年齢

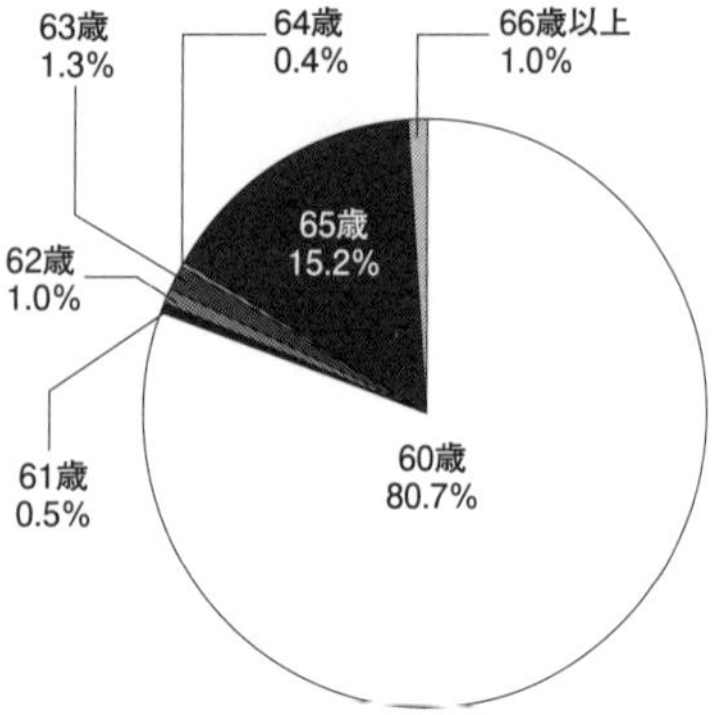

80・7％の会社が未だに60歳が定年としている。定年を年金支給開始の65歳としている会社は15％に過ぎない。すなわち、約8割の現在現役の勤労者は、年金支給開始前に定年を迎え、年金支給が始まるまでの5年間、もしくはそれ未満の期間、貯蓄を取り崩すか、何らかの再雇用先を探さないとならないことは明らかだ。

これが普通の個人が金融取引／金融市場に参加しないとならない理由の一端ということになる。なぜなら、預貯金だけでは、銀行が窓口に掲示している利息しかリターンがないからだ。

もちろん、日本の銀行は護送船団方式ではなくなったとはいえ、金融庁の厳しい監督下にあり、ほぼ元金保証で出し入れ自由という利便性は大きなメリットと言える。しかし、手もとに残るものはタンス預金に等しい利息だけで、とても豊かな老後へと導いてくれる額ではない。だからこそ、自ら金融取引／金融市場に参加という道を選び、何らかのリスクを取った上で、資産運用による収益で物価変動とは関係なく金融資産を増やさないとならないことになる。

では、何らかのリスクとはどういう意味なのか？

投資理論で言うところの「無リスク資産」とはすなわち元金がいつでも出し入れ自由で、何のリスクもない資産、それで個人が取り扱えるものと言えば、銀行の普通預金が多分イメージしやすいだろう。

現在では、1行当たり1000万円のペイオフ基準があるにせよ、まずそこが出発点となる。その普通預金以上のリターンを上げようと思ったら、実際には何らかのリスクを背負わないといけない。普通預金よりもわずかだけ金利がよい定期預金は、「いつでも出し入れ自由」がない「期間リスク」を取るからこそのプラスアルファだ。なので、市中で出回っている金融商品と呼ばれるもので、普通預金金利よりも高い期待リターンを示しているものについては、全て何らかのリスクを取って、そのプラスアルファを取りに行っていると肝に銘じておいてほしい。すなわち、そのリスクを知らないと、とんでもないことになる可能性があるということだ。

マーケットは個人マネーを必要としている

一方で、マーケットは個人マネーを必要としているのか、必要としていないのかも考えておかなければならない。

日本銀行が発表した2017年第1四半期（1―3月、Q1）の「資金循環の日米比較」レポートによれば、個人金融資産総額は増加し、1809兆円となった。

ただし、その内訳を見ると、約5割が現金・預金であり、次いで約3割が保険・年金準備金である。

一方、資本市場先進国である米国を見ると、保険・年金準備金は若干増えるもののおおむね同じ約3割になる一方、現金・預金の比率はガクンと落ちて13・4%となる。日米での差は約38%と4割近い。金額に直すと約687兆円もの資金が債券、投資信託、株式・出資金に回る余地があることになる。

これはGPIF（年金積立金管理運用独立行政法人）の平成29年度第1四半期末現在の受託資産149兆円の約4・6倍にも上り、GPIFの運用姿勢の変化が市場に与えるインパクトやその注目度を考えると、マネーマーケットが個人マネーを必要としない訳がない。

日米欧家計金融資産構成比率比較（2017年Q1）

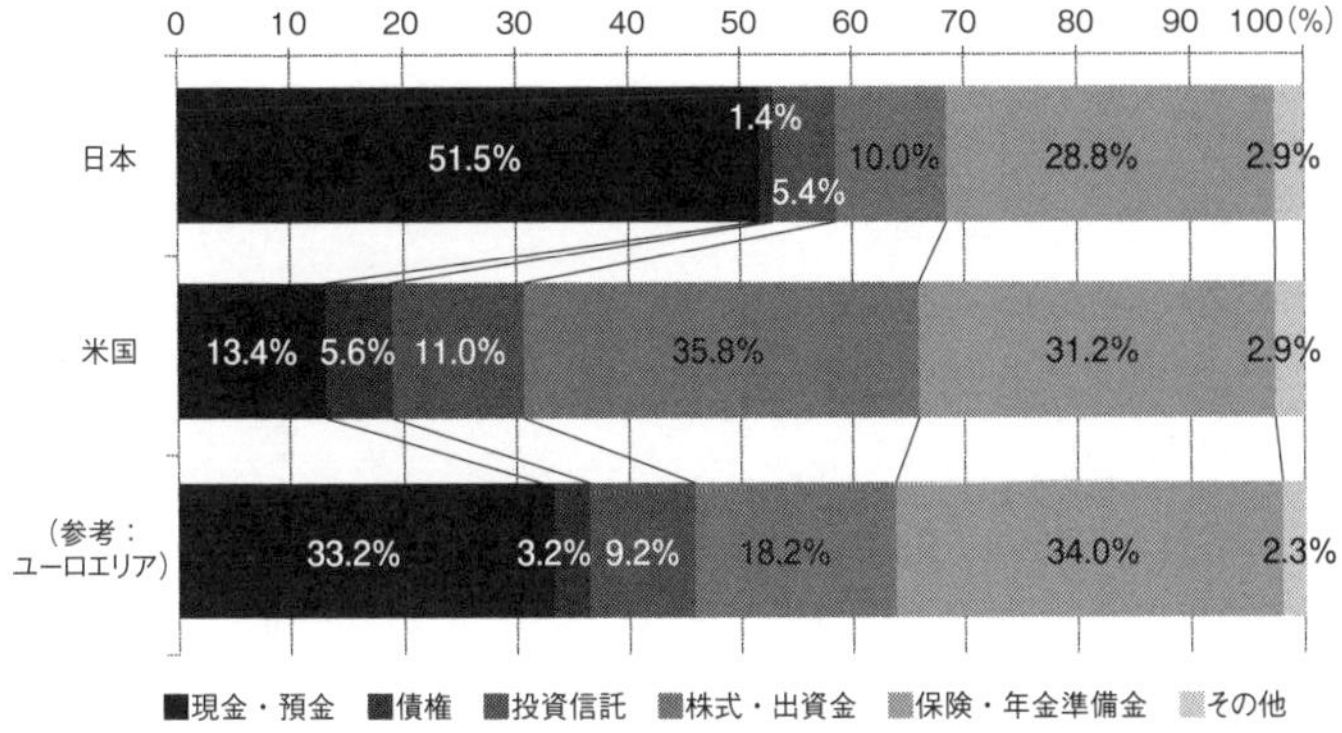

さらに言えば、ＧＰＩＦに代表される機関投資家とのビジネスは、金融業界にとって非常に薄利な世界になっており、その意味においてもマーケットは個人マネーを非常に渇望していることは事実だ。平たく言えば、個人取引のほうが、機関投資家取引よりもはるかに旨味があるということ。

では、なぜ投資信託なのだろうか。

投資信託とは単なる箱に過ぎないとは前述の通り。打ち出の小槌でもなければ、竜宮城から届いた魔法の箱でもない。単なる箱組の話。ただ、どういう箱を作るかは箱を作る運用会社の裁量であり、それを販売するのが販売金融機関の仕事。その箱を買う個人は、誰が、どういう意図と目的をもってその箱を作り、その箱は本当に自分の資産運用の目的に適った箱なのかを自ら見極めなければ、資産運用でまともな利益を上げることはできない。

箱根名物のからくり箱のように、手が込んでいて綺麗な箱かもしれないが、中身は空っぽなどということはよくある話。あるいはＡｍａｚｏｎの梱包用の段ボール箱のように、全体の効率を上げるために、小さな物でも大きな箱に入れる、中はスカスカな状態かもしれない。


ファンドマネージャーを20年余り経験したのち、運用会社の社長を7年間、そして、外資系プライベートバンクの商品ソリューションチームのヘッドとして5年間を過ごした経験に基づいて、本書ではその箱のことについて、巷間溢れる諸説とは異なる説明になるところが多々あると思われるが、本質的に個人投資家と資産運用業界がともにＷｉｎ－Ｗｉｎな関係になることに資すればと願い、書き下ろしたものである。

では、第一章から説明をしていきたいと思う。

第一章

投資信託の誤解（商品編）

I　投資信託は長期投資に適しているという誤解

ポイント

(A) 10年、20年、30年という単位での商品設計はそもそもしていない
(B) パフォーマンスの源泉は8割程度がアセット・アロケーションと言われているが、ほとんどのファンドがフル・インベストメントを前提としている
(C) 市場環境に合わせて、大きくアセット・アロケーションを変えるファンドは少ない
(D) 運用会社の破たん、運用担当者の交代、運用モデル、スキームの無効化を想定していない

長期投資を定義する

一般に投資信託は長期投資に適している商品と言われているが、果たして本当だろうか。

実際のところ、それは必ずしもＹＥＳとは断言できない。

そもそも「長期投資」とはどの位の期間のことを言うのか。何をもって長期と言い、何をもって短期と呼ぶかである。

一つの参考となるのは長期金利と短期金利である。この違いを決めているのは1年より長いか短いか、という基準である。1年よりも短い期間の金利ならば短期金利、それより長ければ長期金利と呼ぶのが通例である。ただ多くの人にとって、わずか1年を境に短期と長期を分けて考えているとは思い難い。

株式営業に長けた証券会社の営業マンなどが、株式の値動きの見立てを顧客に説明する際によく使う表現に、「目先的には」、「短期的には」、あるいは「長期的には」という3種類の時間の長さを表す表現がある。この表現の基準となっている時間軸は、おおむね前述のような1年という基準があるように思われる。

すなわち、この場合「目先的には」というのは2、3週間からひと月ほどの極短期間であり、「短期的には」が大体3カ月から6カ月程度、1年を超えてくると、「長期的には」という表現が使われているように思われる。もちろん、個人差はあるが経験則的に見て、そういう時間軸で彼らはこれらの期間用語を使っている。

ならば5年、10年という話をする場合どうするかと言えば、普通は「5年位の長さで見ると」とか、「10年先位まで展望すると」など、具体的な時間を示しているように思われる。

銀行員はどうかと言えば、実は今どきの銀行員と証券マンにその違いはあまりない。かつては銀行員と証券マンの性格の違いを表す言い方として「農耕民族の銀行員」、「狩猟民族の証券マン」という言い方があった。長期信用銀行と呼ばれた興銀、長銀、日債銀があったころから、都市銀行などの普通銀行はそもそも1年を基準とする短期金融を専ら主戦場とし、長期信用銀行勢はそれ以上の期間を担うという棲み分けもあったので、まずは1年という時間軸に目線があったのは事実。

しかし、個人取引においては、かつて期日指定定期預金なる商品があったように1年定期よりも3年定期というように、なるだけ長い期間の預金商品を、また短期の貸付よりも住宅ローンなどの長い期間の商品の販売に注力してきた。その方が資金が安定し収益がかたくなるからだ。法人取引では、当然、極短期の通知預金（2週間）や、3カ月の運転資金の貸し付けなども頻繁に行ってはいるが、本当は長期の貸し出しを売り込むことに積極的で、そうすることで企業の成長を願っていた。だからこそ、農耕民族と言われ、目線は証券マンに比べるとそもそも長かった。

しかし、銀行と証券会社の垣根が崩れ、銀行も証券関連商品を取り扱うようになってきてからは徐々に様相が変わってくる。長期信用銀行など長期金融機関制度が実質崩壊し、金融機関自体も市場変動とより密接に関わるようになってくると、市場の話などを顧客にしないとならない状況も増えてきた。

また、４大証券の一角であった山一証券が自主廃業し、その多くの社員が投資信託の銀行窓販開始（１９９８年12月）に時期を合わせるように大量に銀行に採用され、リスク商品販売の先頭に立ったことから、銀行でも証券会社の文化が徐々に浸透していった。

市場関係の話をするときには、目先の2、3週間程度の話から、数カ月先までの話がどうしても必要となり中心となる。ゆえに、銀行員と証券マンが市場の話をするとき、その話の時間軸にはあまり大きな違いは生じなくなったと言える。

翻って、投資の世界に目を向けると、この時間軸で話をして辻褄が合うことはまずない。短期投資というと2～3年間程度、中期投資とはあまり言わないが、それが5年前後、そして、長期投資というと10年以上という感じになるのではないか。

実はこれ、債券を残存期間によって分類をする時のイメージに合致する。短期債と言えば、満期まで残存が1年以下のもの。中短期債が2、3年、中期債が5年前後、そして長期債と言えば10年である。ちなみに、30年債は超長期債などと呼ばれる。

市場の話と言う時と、投資の話と言う時で、時間軸ががらりと変わるということはこれでおわかりいただけるだろう。

ということで、この先特に断りがない場合は、長期投資と言えば10年間単位ということで本書は書き進めていくことにしたい。

ここで冒頭の話題に戻って、投資信託は「長期投資」に適しているか否かという話である。最近では20代、30代の人たちに対しても、「老後を見据えて投資をしましょう!」と訴えているのをよく耳にする。そうした老後まで30年も40年もある超長期の投資に、投資信託はまさにうってつけといわれているが、本当にそうなのだろうか。商品開発の立場からきっちりと考えてみたい。

そもそも10年、20年、30年という単位での商品設計はしていない

いきなりショッキングなことを言うようで若干はばかられるが、実は、投資信託を設計・開発するときに、投資方針や投資スキームにおいて10年以上の期間をイメージして作られる商品はほとんどない、といっても過言ではない。そもそも、そんなに長い期間を想定して商品開発をすること自体、本質的に無理があるという言い方のほうが正しいだろう。

もちろん、投信の中には「コモンズ30ファンド」（コモンズ投信）のように、〝30年目線の長期的な視点で銘柄選択を行います〟と堂々と謳っている投資信託もある。しかし、こうした商品は極めて稀で、例外的存在と言える。

なぜなら、10年以上先の市場環境を予測して、10年後の時点でも普遍的に機能する運用スキームや、時機に適ったテーマなどを、運用サイド、あるいは商品開発の現場の人たちが描き切れないからだ。それは、決して現場が能力不足だという意味ではない。10年、20年、30年という単位があまりにも長過ぎるのである。

考えてみてほしい。今から30年遡ると1987年前後になるが、ブラック・マンデーが

あったのがちょうど1987年10月だ。当時、都市銀行は13行、長期信用銀行が3行、そして信託銀行が7行もあり、銀行は絶対に潰れないという「銀行の不倒神話」が根強くあった。

それがどうだろう、今では基本的には3つのメガバンクに集約されてしまっている。そのころにタイムマシーンで戻って、多くの人に「銀行が潰れると思いますか？」と問いかけたら、きっとものすごい常識知らずの人に思われるであろう。

かつて公開された、広末涼子主演映画「バブルへGO‼」で、主人公の相手役である劇団ひとりが元長銀マンを演じるが、広末が劇団ひとりに「あなたの銀行潰れるよ」というと、「長銀が潰れるなんてこと、あるわけないだろう」と返すシーンがある。そうしたバブルの前と後での常識の劇的な変化が面白おかしく描かれている映画だが、30年という年月はそれだけの変化があってもおかしくないのだ。

では、10年間ならばどうだろうか。実は10年先の話でさえ、当てになるとは言えない。今からちょうど10年前に、第一世代のiPhoneが世の中に登場した。それまでは誰もがガラケーを使い、二つ折りのボディーをカチャッと開く姿が格好よくもあったものだ。しかし、この10年でガラケーの時代は終わり、完全にスマホの時代に変わった。この間、

ＬＩＮＥのようなＳＮＳが隆盛となり、スマートフォン（電話）とはいうものの、フォン（電話）機能を使うことよりも、メッセージ機能のほうが多用されるようになっている。

Facebookが日本に上陸したのは２００８年なので、まだ10年も経っていない。この多くの世の中の変化を、10年前に誰が精緻に予測し得たであろうか。要するに、先を見通す時間としては、10年間でさえ気が遠くなるくらい長いというのが実際のところなのだ。

だからこそ、10年経っても市場動向に普遍的に適合できる運用スキームやテーマを、運用サイドや商品開発の現場で思いつくことなどできないのである。市場のサイクルはひと回り3年とも言われるが、10年という時間はそれだけ長いと言える。

ゆえに、投資信託のほとんどが商品設計の段階で、10年、20年、30年という単位で普遍的にパフォーマンスをあげる有効なエンジンをそもそも設計しようとしていない。それは逆に言えば、10年、20年、30年という期間の長期投資を考えた場合、一つの投資信託にすべてお任せで買いっ放しのままでＯＫだとは言えないということである。これはあとで説明するが、投信を積立で購入する場合でも、基本的には同じだ。

具体例として「さくら日本株オープン」を考える

1994年9月28日に、筆者が実際にファンドマネージャーとして商品開発に携わり、その後の10年間と半年を運用したファンドがある。

現在は「三井住友・日本株オープン」という商品名になっているが、元々の名前は「さくら日本株オープン」という追加型株式投信である。三井住友フィナンシャルグループの5つの運用会社が合併したことで、社名が変わりファンド名も変わったが、ファンドのスキームなど目論見書の中身は変わっていない。現在でも純資産総額が約140億円もあるので、立派な伝統的ファンドであるが、開発時、筆者が商品開発者として、信託期間10年間の追加型株式投信として設計したファンドだ。

運用のエンジンとなるのは、機動的なアセット・アロケーションの変更（後述）、そして、独自に開発した「資金循環分析モデル」という定量分析モデルと、それに合わせて独自に定めた業種分類である。すなわち、セクターと呼ばれる業種のカテゴリー分類を独自に定量的に計算し直し（クラスター分析）、独自の業種分類を作り、投資マネーが次はどのセクターに向かうのかを見極めるという考え方である。

「割安株に投資するのではなく、値上がりする株に投資する」というのが、一つの大きなコンセプトのファンドであった。

設定直後の1995年1月には阪神・淡路大震災があり、翌2月にはベアリングス・ショック（イギリスの名門銀行ベアリングスが、ディーラーによるデリバティブ投資の失敗で倒産した事件）を迎えるなど、波乱の船出となったが、2000年にはモーニングスター社のファンドオブザイヤーを獲得し、スタンダード・アンド・プアーズ社からはセレクト・ファンド・ステータスという格付けを付与された。

だが、定量分析モデルを入れている大半のファンドがそうであるように、途中でデータメンテナンスを行っていたとしても、10年以上も経てばモデル自体が陳腐化してしまう。

このファンドとて例外ではなく、10年以上もの間、信託期間が無期限になっても大きなモデルチェンジをしないで済む定量モデルとしての商品開発は端からしていなかった。しかし、このファンド、実は1998年に約款変更をして信託期間を10年間から無期限に変更してしまっている。そのため、設定してからすでに23年も経つというのに、今でも現役のファンドとして販売されている。

それはなぜか。銀行窓販開始（1998年12月開始）に合わせて、このファンドのトラック・レコードがそのラインナップの主役として窓口に並べるのにぜひとも必要だという営業・販売サイドの要請から、単にコピー・ファンドを作ったのでは駄目という発想があったからだ。

もちろん、開発者兼運用担当者の筆者としては、「このファンドは10年以上を目論んで設計していないので、信託期間の無期限化は避けてほしい」と嘆願し、頑としてはねつけようと試みたが、最終的な経営判断には抗えなかった。今現在、このファンドのエンジン部分がどうなっているのかは、残念ながら筆者にはわからない（筆者の運営するブログ「FUND GARAGE」の「私が愛したファンド達-2「さくら日本株オープン」」という記事（http://fundgarage.com/post-931/）に開発時の経緯を含めて詳説）。

パフォーマンスの源泉はアセット・アロケーションにあり

機動的なアセット・アロケーションの変更をセールス・ポイントの一つとした「さくら日本株オープン」の話をしたところで、パフォーマンスの源泉はアセット・アロケーションにあるという話をしてみたい。

この10年あまりの間に誕生した投資信託のほとんどはフル・インベストメントといって

ファンドの中の有価証券組入比率が限りなく100%に近い（現金は0%に近い）、もしくはそれに近い状態のものがほとんどだ。

しかし、実は多くの投資の教科書によれば、パフォーマンスの7～8割、高いものだと9割方をアセット・アロケーションが決定すると謳っている。にもかかわらず、現実には前述のように最近のほとんどのファンドがフル・インベストメント（組入比率100%）で運用することを目標としているので、アセット・アロケーションの変更も何もあったものではないのだ。

一般的な株式型投資信託のアセット・アロケーションとは、ほぼ「株式の組入比率」という言葉と同義である。精緻に言えば、株式と現金の組入比率の調整ということになる。一方、バランス型ファンドのような場合だと、株、債券、不動産、商品、現金などのどのアセット・クラスを何%ずつファンドに組み合わせるかということになる。

株式型投資信託を例に説明するのが一番わかりやすいので、株式を例に説明をする。

株式市場が強気で上昇しているときは、ファンドの中にお腹一杯に株が組み込まれているほうが当然値上がり益を無駄なく享受できる。しかし、逆に株価が下がる局面だと、ファンドの中に株など一つも入っていないほうが当然いいのは、自明の理である。
もし仮に、株価の上昇時には100%の組入れ、下落時には株の組入比率を0%にするなんて運用ができるなら、そのファンドのパフォーマンスは銘柄選択云々の次元ではないハイパフォーマンスが実現するはずだ。第一、マイナスになることがないから、元本は一度も棄損することなく増える一方である。

さらに、ファンドマネージャーとしての経験から言えば、株式の組入比率を仮に10%や20%引き下げたところで、ファンドに80%も90%も株式が入っていれば、市場が下がっているときには運用サイドの自己満足程度にしかファンドのパフォーマンスは防衛できない。

株を持っている限り、値下がり時には損失を被る訳なので、市場が下げる前に全部現金にしておくのが一番いいに決まっている。理屈としては、株式の保有を減らした分だけ、10%下落するところが9%になったり、8%で済んだりする訳だが、それなりに負けていることには変わりはなく、投資家の精神的ダメージとしてはほとんど変わらない。どんぐりか椎の実か、という程度の差でしかない。

しかし現実には、株式市場が上がるか下がるかを日々見極めて、それに備えてあらかじめ買ったり売ったり組入比率を100%にしたり0%にしたりする、そんな手品みたいな運用は極めて困難なことは容易に想像がつくだろう。

そこで先ほどの「さくら日本株オープン」では、それに準ずる方法として一計を講じ、市場動向に合わせて、必要ならば毎月組入比率を機動的に動かすルールを設定した。必要ならば、臨時の投資政策委員会を開催して適時行うことさえあった。すなわち、長期的な見通しで決める部分（SAA：戦略的アセット・アロケーション）と、短期的な見通し（TAA：戦術的アセット・アロケーション）で決める部分とを組み合わせて、全体の組入比率を毎月変更するという方法だ。イメージで言うと次のようになる。

	SAA	TAA	
A．	長期見通し（超強気）	＋短期見通し（強気）	＝70％＋30％＝100％
B．	長期見通し（やや強気）	＋短期見通し（強気）	＝65％＋30％＝95％
C．	長期見通し（強気）	＋短期見通し（超強気）	＝60％＋40％＝100％
D．	長期見通し（やや弱気）	＋短期見通し（強気）	＝55％＋30％＝85％
E．	長期見通し（弱気）	＋短期見通し（弱気）	＝50％＋10％＝60％

例外的に

F．長期見通し（弱気）　＋短期見通し（超弱気）＝50％＋△40％＝10％
G．長期見通し（超弱気）＋短期見通し（超弱気）＝40％＋△40％＝0％

当然、組み合わせは無限だが、イメージしやすいように幾つかを例示した。ご覧いただいた通り、組入比率が100％のときもあれば、例外的に0％となるときも想定してある。実際、1995年2月のベアリングス・ショックのときには、組入比率を先物とオプションを使ってネットで0％以下にまで引き下げたので、市場暴落の中で株式型投資信託でありながら逆に基準価額が上がったという逸話を残している。その後、株式市場が安定したところで再度組入比率を引き上げ、市場の回復をファンドは享受した。

ただこんなタイプのファンドが近ごろ誕生しなくなった理由の一つは、ほとんどのファンドが、ベンチマークなるものを導入したことによると考えられる。

MSCIワールド・インデックスやTOPIXなどがベンチマークの代表例だ。ベンチマークを導入した以上、ファンドの収益目標は絶対収益から、そのベンチマークを上回ること、あるいは、ベンチマークと同等の成果を上げることに変わり、それらのファンドはアセット・アロケーションの機動的な変更を捨て、基本的に常にフル・インベストメント

（組入比率１００％）を目指すようになってしまった。つまり、パフォーマンスの源泉の70～90％の部分を手放してしまったということだ。ちなみに、前述の「さくら日本株オープン」は、設定後数年してから「参考指標」という呼び方で、運用レポートの基準価額推移のチャートには日経平均株価指数を併記するようになった。

バランス型のファンドのアセット・アロケーション

前述したように、株式型投資信託の場合のアセット・アロケーションは株式と現金の組入比率をどう調整するかの二者択一に近いものがあり、適時良い塩梅に変更することは難しいと思われるかもしれない。

一方、色々なアセット・クラス、すなわち株式、債券、不動産、商品、短期債などを取り交ぜているバランス型ファンドならば、基本常時フル・インベストメントだとしても多種多様なアセット・クラスが含まれているので、アセット・アロケーションの効果を常時享受できるように設計されていると思われるかもしれない。結論から言えば、理論上の答えはＹＥＳだが、実際は残念ながらＮＯである。

確かにバランス型ファンドの中に組み入れられている各アセット・クラスの比率が機動的に大きく変動するものであれば、現金の組入比率は0％でも、それに代替する短期債券などを含めて常時フル・インベストメントにすることができ、アセット・アロケーションのメリットは享受できる。

しかし、筆者の知る限りにおいて、一つのバランス型ファンドで、内容を大胆かつ機動的に組み替えることを運用目標としているファンドがまずない。これは多くのファンド・ラップやSMAと呼ばれる商品でも似たり寄ったりである。もちろん、状況に応じて多少の変化は多くのファンドで行っているものの、株の組入比率で言えば、仮にそれを10％や20％調整をしたところで、実際の収益インパクトは期待するほど大きくはならない。

また、これは後述するが、バランス型ファンドのように諸々のアセット・クラスに分散投資をしたものは、その分散効果を理論通りに得るのは実は難しい。少なくとも精緻な計算もしないで〝目見当〟では、分散効果どころか、分散投資がマイナス影響を及ぼすことさえある。

だからこそ、現在よくあるタイプのバランス型ファンド、もしくはファンド・ラップやSMAなどと呼ばれるものは、あらかじめお客様のリスク許容度などを調べるなり、お客様と相談したうえで運用方針を決めるなどして、安定型、成長型、積極型など、プリ・フィックスされたものを選択するタイプがほとんどである。

安定型と積極型の株式の組入比率が30～50％程度違うバランス型ファンドシリーズは当然あるので、自分でタイミングを見て、積極的に乗り換えを行ってアセット・アロケーション効果を享受する方法も理屈上は可能である。しかし、残念ながら購入手数料がかかるファンドの場合、そうすることが単に金融機関を喜ばせるだけにもなりかねない。つまり、バランス型ファンドといえども、専門家による運用だから任せておけばよいという観点で「買っとく、積んどく」みたいな長期投資を考えているのならば、現在の多くの投資信託はそれに向いていない。

運用会社の破綻、ファンドマネージャーの交代など

投資信託は長期投資に適していると言われながらも、見てきたように多くの点で本当に適しているのかと言えば、疑問が残るものだ。

さらに、運用モデルやスキームの賞味期間という問題のほかに考えておかなければならないのが、運用会社の破綻や撤退、あるいはファンドマネージャーの交代である。

前者のような理由でファンドが解散したという話を日本ではまだほとんど聞いたことがない。

しかし、後者のファンドマネージャーの交代という問題については、投資信託での長期投資を考える上で吟味しておくべき問題と言える。ファンドマネージャーがなぜ交代するのか、交代したのか、という問題は運用会社の経営方針を、大きく具体的に示している好事例でもあるので、お目当てのファンドでファンドマネージャーの交代がなくても、虎の子を差し出す前にはよく確認しておく必要がある。

「投資信託はあなたに代わって、投資のプロフェッショナルが24時間マーケットをモニターし、最善の投資を行います」というのがよくある宣伝文句だ。筆者も前著で投資信託の数多あるよい点の一つとして、この点を指摘している。だからこそ、ファンドマネージャーの能力は大切であり、その巧拙によってファンドのパフォーマンスは大きく違ってくる。ただ、ファンドマネージャーも人の子、不慮の事故ということもあれば、病気もする。また、得てしてファンドマネージャーになるような人は、頑固一徹な一途なタイプが多い。

それは「マーケット」という巨大な敵に、基本的には一人で立ち向かうドン・キホーテのような孤独な職業という面があるからだ。そうしたこともあって、長年見てきた限りでは、社内政治や根回しやゴマすりが得意というタイプは、業界全体を見回しても非常に少ない。結果、諸々の大人の事情で転職せざるをえないという事態も割と頻繁に発生している。とりわけ、市場環境が悪いときにはそれが多い。

ご存知ないかたも多いかも知れないが、2000年前後に「カリスマ・ファンドマネージャー」と呼ばれて、パフォーマンスの優れたファンドを運用していたファンドマネージャー達が世の中で大きく注目されたときがある。

運用会社の名前や、ファンドの正式名ではなく、「〇〇ファンドマネージャーが運用しているファンドが欲しい」と、実際に金融機関の窓口で指名買いになることもあり、そうしたファンドはファンドマネージャーの名前を取って「〇〇ファンド」などと呼ばれた。しかし、今調べてみると、当時「カリスマ」と呼ばれたファンドマネージャー達が、今現在も継続して運用を担当しているファンドは残念ながら皆無である。それは何故か？

実力があれば、ファンドマネージャーに年齢は関係ない

2000年を起点に考えれば、それからすでに17年が経っているが、20代、30代の人が

行う長期投資という視点ではいかがなものであろう。ファンドマネージャーが交代したのは、転職したのではなく「年齢の問題でしょう?」と引退したと思われるかもしれないが、当時も今も多くが現役でこの業界におり、オマハの賢人、かのウォーレン・バフェットは今でも変わらずバークシャー・ハサウェイを率いているし、かのソロスも未だに引退したとかしないとか言われるような状況である。動体視力が要求される為替ディーラーなどと違い、ファンドマネージャーは高齢になるとできなくなる仕事ではない。むしろ、亀の甲より年の功、練達の技という面が功を奏すことも多い。

実際に、ほとんどのカリスマ・ファンドマネージャーと呼ばれる人達は、運用会社との諸々の大人の事情で転職したり、独立したりしていった。当時のカリスマと呼ばれた人たちに限って言えば、亡くなった人がいるとは幸いにも聞いていない。

しかし、ファンドマネージャーが交代すればファンドの運用は絶対に変わる。よく交代後に「組織で運用しており、組織にノウハウが蓄積されているので、ファンドマネージャーが交代しても従来の運用は維持されます」というようなプレスリリースが出されるが、カリスマ創業社長の引き継ぎがオーナー企業の経営に与えるインパクトが大きいように、ファンドマネージャーの交代はファンドのパフォーマンスに大きな影響を与える。もちろん、交代してよくなる場合があることも事実だが、そのケースは極めて稀だ。

以上見てきたように、「投資信託は長期投資に適している」という理解は、かなり限定的な条件の下でだけ成立するということは、記憶しておく価値があると思う。ただ、それが完全に駄目だと言っている訳では決してない。盲目的に長期投資なら投資信託と考えるのではなく、長期投資のためにその特性を上手く使えばいいだけの話である。

Ⅱ 新しい投信はダメで、古い投信（3年以上）がいいという誤解

ポイント

（A）トラック・レコードがないと判断できないというのは、ファンド・リサーチャーの怠慢

（B）シャープ・レシオとインフォメーション・レシオに頼る分析なら猿でもできる

（C）古い投信がいいという根拠は、過去実績がわかりやすいという一点のみ。ファンドマネージャーの交代や、運用会社の組織体制、経営思想の変更などは判断できないが、この影響は大きい

（D）ファンドマネージャーには、勃興から成熟、そして衰退のサイクルがある

（E）運用現場発で商品開発されたファンドは、新しくても良質なもの

最低3年以上の過去のトラック・レコードを見る必要はあるのか？

多くの投資信託の入門書や解説記事などに、投資信託購入時のチェックポイントとしてトラック・レコードが最重要ポイントとして扱われている例が実に多い。

確かにトラック・レコードはないよりはあったほうがいい。だが、それがないとファンドを評価したり、選んだりすることができないというのは、言い過ぎだと考える。そもそも、トラック・レコードとは、過去の通信簿である。もしトラック・レコードがないと、投信が選定できないのであれば、新規で設定される投資信託は、しばらく蔵で熟成を待つしかなくなる。トラック・レコードがなければ、ファンドの良し悪しが判断できないというのは、ファンド・リサーチャーの怠慢でしかない。

例えば、小学校や中学校では神童と呼ばれ、のちは博士か大臣かと言われていた人でも、社会に出てみるとただの人に成り下がることはよくあることだ。それは、その人が勉強し続けなかったからかもしれないし、厳しい競争社会の中で、パンツのゴム紐が伸び切ってしまったからかもしれない。過去は必ずしも未来を保証するものではない。実はトラック・

レコードも同じで、過去と同じような投資環境が将来的にも続かない限り、過去は未来を予見しえない。

また、過去の通信簿やその人の履歴書などなくても、短時間のコミュニケーションで相手の評価を下さないとならない場合が多々あるのが世の中の現実だ。新規ファンドも含めて、ファンドを評価する方法はたくさんある。トラック・レコードが不要だと言っているのではなく、トラック・レコード以外にファンドを見るべき点はたくさんあるということでもある。

今まで先輩、同僚、後輩、業界の仲間など、多くのファンドマネージャーを見てきた。これはあまり言われていないことだが、ファンドマネージャーにもライフ・サイクルに似たキャリア・ステージ毎の特性が実はある。

例えば、まだ初々しく何でもかんでも真剣に吸収しようとするデビュー時に始まり、徐々に運用が上手くなっていく成長期があり、円熟期がある。その円熟期が長く続く人もいれば、残念ながら衰退期に入ってしまう人もいる。もちろん、衰退期をしばらくやり過ごした後に、再度復活して成長期に戻ることもあり、ベテランの腕のよいファンドマネージャーの多くは、そのサイクルを2、3回続けてきている。

衰退期に入る理由の一つは、担当するファンドの増え過ぎが原因ということもよくある。腕がよいと思われると、あれもこれも担当させられることが多く、結果としてキャパシティを超えて駄目になってしまう例がそれである。実際、筆者はこうした例をたくさん見てきた。

ある時期、パフォーマンスのよい運用をするファンドマネージャーがいると、経営も営業も「期待の大型新人、只今売り出し中」とばかりに、積極的に拡販攻勢をかけるため、必然的にそのファンドマネージャーのキャパシティは一杯になる。当然、それがビギナーズ・ラックのこともあるが、やはりひと回り3年とも呼ばれる相場・経済サイクルをいくつか体験する前にフル・キャパシティになると、その運用スタイルを臨機応変に変更・改良する機会を逸してしまう。

結果として、そのファンドマネージャーは潰れてしまうという構図だ。さすがに相場の神様はそんなに優しくはない。幾度か荒波を乗り越えるタフさがないと、長生きはさせてくれないものだ。

トラック・レコードで本当に見るべきもの

では、トラック・レコードで本当に見るべきものは何かと言えば、そのファンドマネージャーの運用の癖である。それは回転率に出る場合もあるし、逆張り・順張りといった投資手法に出ることもある。業種の偏りや大型株か中小型株といったサイズの偏りかもしれないし、じっくり引きつけて引っ張るタイプかも知れないが、飛び乗り飛び降り型の運用者かもしれない。

これらの癖が新しいファンドの性格とマッチするかどうかを調べるのが、トラック・レコードで本当に見るべきものである。単純に基準価額の過去の推移から計算したシャープ・レシオ（※1）やインフォメーション・レシオ（※2）などと呼ばれる、もっともらしい数値の分析だけでファンドマネージャーの良し悪しがわかるとするなどは笑止千万である。

ただこれは、〝ファンドマネージャー〟という職業人の運用をよく理解していないとわからないと思われるので、ファンドのリサーチャーやアナリストと呼ばれる人たちが数値偏重に陥りやすいのも無理からぬことかもしれない。

トラック・レコードの一番安易な使い方としては、過去のデータから様々な分析数値を弾き出して、それを基にファンドの良し悪しを論じようという方法である。投資理論の教科書にも、証券アナリスト協会のテキストにも、ファンドのパフォーマンス分析と言えばトラック・レコードから何らかの数値を算出して、それらに評価を与えるというのが主流なのは確かである。

例えば、ファンドの基準価額推移がわかれば、その値動きの標準偏差などはエクセルさえあれば、あっと言う間に計算可能だ。その結果として、リスク、シャープ・レシオやインフォメーション・レシオなどといった、もっともらしい数値を並べ立てる方法がある。ファンドの評価機関などは、これらの数値を一覧にしてスクリーニングしてファンドの良し悪しを論じたりしている。

※1　サンプル期間の平均超過リターンをサンプル期間のリターンの標準偏差で割ったもので、総ボラティリティに対する報酬を意味する。

※2　ポートフォリオの超過収益を、ノンシステマティック・リスクを表す「トラッキング・エラー」で割ったもの。

一般の人でもこれらの数値は金融機関のＷｅｂサイトなどで確認できるが、ファンドマネージャーの交代などについては考慮されていなかったり、前述したようなファンドマネージャーの癖のようなものは一切読み取れない。

一方で「過去のトラック・レコードから定量的にファンドのパフォーマンス分析を行った結果、ＡＢＣファンドは極めて魅力的なファンドという結果となりました」とエクセルシートを見せられれば、多くの人は感激してしまうかもしれない。ただ数値分析からでは本当のファンドの姿は見えてこないし、これからのファンドの行く末を占うには、あまりにもお粗末な分析内容である。

まず少なくとも、どういう局面において、どういう銘柄を入れ替えたか、どういうアセット・アロケーションの変更をしたか、どういうヘッジを行ったかなどを地道に確認しないといけない。そうすることにより、ファンドマネージャーの運用の癖が見えてくる。

一般に目論見書や販売用資料というのは、ファンドの概略や、販売目的の美辞麗句だけが並んでいたりするものだし、運用報告書や運用レポートの類も、多くは積極的に運用実績を開示したいという立て付けにはなっていない。従って、そのファンドが何をどう運用しているのか業界関係者でもわかりづらいものが多い。そのため、同じファンドマネージャーが運用するほかのファンドのパフォーマンスも一緒にチェックすることが本来は必要だ。

最近でも、各ファンドの担当ファンドマネージャーの開示は、ほとんど進んでいないのが現実であり、また投資内容の開示についてもお寒い限りであるので、個人でそれをじゅうぶんに行うことは不可能かもしれない。しかし、ファンドの評価機関ならばそれができるはず。

ファンドの受益者（保有者）はファンドの伝票や帳簿類などを、運用会社に開示請求すれば開示させられるのをご存知だろうか。また、ファンドの評価機関ならば、ファンドマネージャーへのインタビューをリクエストすることもできる。メディアの販売支援目的のインタビューだけが、ファンドマネージャーが応じるものではない。実際、筆者も現役のファンドマネージャー時代、何度も評価機関のインタビューを受けさせられた。鋭い質問で嫌な思いをすることもあったが、大方は「それを聞いてどうするんだろう」というものであったが、門戸が開かれているのは間違いない事実である。そうしたことで、現実にはファンド・リサーチャーやアナリストと呼ばれる生業の人たちならば、かなり精緻に多くのことを理屈上は検証できるはずだ。だから信頼できるファンド・リサーチャーやアナリストのコメントを信じるのも一手だ。

「さくら株式アナライザー・オープン」の場合

これも筆者が実際にファンドマネージャーとして商品開発に関わり、1997年10月29日に設定されたファンドだ。設定から20年、今でも残高が約30億円あり現存するファンドである。現在の名前は、「三井住友・株式アナライザー・オープン」となっているが、元々は「さくら株式アナライザー・オープン」という商品名だった。

このファンドの設定時の一つの大きな特徴は、徹底的なディスクロージャー（情報開示）にあり、まずそのパンフレットには担当ファンドマネージャーである筆者が顔写真付きで載っている。いわゆる「顔が見えるファンドマネージャー」の第一号だが、あわせてファンドの組入銘柄を毎週全銘柄、投資比率までつけて、市場コメントや運用コメントとともに開示した。

そして、もう一つのポイントは、ファンドの最大30％までは外国株式を組み入れ可能としたことだ。実際、私が担当していた2005年3月までは、その枠いっぱいに外国株式への投資が行われていた。

さらに、このファンドはボトム・アップ・アプローチと言って、ファンドマネージャー自身が投資先企業の本社や工場などの現地に直接赴いて、徹底的にリサーチをする方法で組入銘柄を決定していくことを主題としていた。実際に投資先企業への調査のために極めて頻繁に北米や欧州にも訪問調査を実施した。

当時の部下が調べたところによると、この時期、筆者が自宅のベッドで寝たのは年間で100日に足らず、そのほとんどを国内外の出張先のホテルで過ごしていた。

こうした企業訪問で好きだったのは、先方の社食やカフェテリアで社員の人たちに混じって食事をすることだった。「虎穴に入らざれば虎子を得ず」ではないが、社食に行くと息抜きをしている社員の多くの生の声を聴くことができる。仕事の話などはほとんどせずに週末の話などをしている明るいテーブルもあれば、愚痴の多いテーブルもある。そうした個々のテーブルの様子が社食全体の雰囲気を醸し出す。勢いのある会社の社食には、独特の匂いがするものだ。だから、たとえ食事は許されなくても、自動販売機で缶コーヒーを買うだけ、あるいは通り過ぎるだけでも意図的に足を運んだ。なかにはＩＲの人がわざわざ「うちの社食は美味しいんですよ」と自慢してくれるところもあったが、大概そうした企業は業績がよい。

三井住友株式アナライザー・オープンの標準偏差とシャープレシオ

	1年	3年	5年	10年	設定来
標準偏差	11.41	16.73	16.8	18.7	19.88
シャープ・レシオ	1.99	0.55	1.06	0.21	0.2

話が脱線してしまったが、現在も販売会社である三井住友銀行のWebサイトを見ると、そこに「三井住友・株式アナライザー・オープン」は掲載されており、運用実績のところに「標準偏差、シャープ・レシオ」という欄がある。引用すると上の表の通り。

筆者が担当を外れてすでに12年が経っているので、筆者の影響度は設定来のところにしか現れていない。だが、この過去のトラック・レコードを見て、一体何がわかるというのだろうか？　シャープ・レシオで見ると、直近1年間で言えば、とったリスク1単位に対して約2倍のリターンを上げたということはわかるが、過去3年間になるとそれはいきなり0・55と約1／4になる。そして5年間だと1・06となるが、10年間、あるいは設定来はそれぞれ0・21、0・20と極めて低い数値になる。

正直、この数値の羅列を見て、パフォーマンス分析をしろと言われても、これが有意なデータなのかどうかすら判断がつきかねる。数字は嘘をつかないはずなので、計算ミスさえなければ数値自体は正しいのだろうと思われる。しかし、ある期間で見ると背負ったリスクの2倍のパフォーマンスをあげるファンドが、違う期間で切りとり直すと背負ったリスクの半分だったり、1／5だったりのリターンしかあげていない。

設定来のシャープ・レシオで見ると0・2だという。実に、リターンの5倍のリスクを取って設定来運用されていることになる。

一方、騰落率で見ると左記表のような結果となる。

三井住友アナライザー・オープンの設定来騰落率

	騰落率
1カ月	-1.19%
3カ月	1.98%
6カ月	5.67%
1年	19.22%
3年	26.94%
5年	127.07%
10年	26.43%
設定来	52.27%

設定来の騰落率を見ると＋52・27％となっており、これがシャープ・レシオ0・2で稼いだリターンである。ならば仮に、シャープ・レシオが1・0となるように背負ったリスク並のリターンを上げていたとすると、その騰落率を5倍した＋261・35％の騰落率となるべきだったのかもしれない。

しかし、設定時の1997年10月29日の日経平均株価は16857・04円、執筆時の2017年9月29日（月末）

の日経平均株価の終値は20356・28円であり、日経平均株価の騰落率だけを見る限り＋20・76％に過ぎない。つまりファンドの騰落率の約4割しかなく、この限りにおいては＋52・27％もそんなに悪くはないように思われるがいかがなものだろう。

ここから数値分析の結果を、何かこじつけて説明するのはほとんど意味がないと思われるが、あえてもう一つ付け加えるならば、これは設定後17年間の信託報酬約17％（税抜き年率1・0％×17年間）を控除した後の数字であることを付け加えて考えると、こうした定量的な数値のみに頼った説明が、いかにもっともらしいだけのものということも見えてくる。

一方、定性的な面で直近の運用レポートを見ると、このファンドの特徴の一つである徹底的なディスクロージャーという意味では、まず担当ファンドマネージャーの名前が伏せられてしまったので、誰が担当ファンドマネージャーかわからなくなってしまった。

また、組入銘柄については、全組入数60銘柄のうち、上位10銘柄だけが開示されており、全銘柄開示でもなくなっている。開示方針については目論見書上に「全銘柄組入比率付きで毎週開示」という記載条件ではないので、特にリーガルにおいて問題になる話ではないが、設定時のポリシーと比べるとファンドマネージャーが交代した後の大きな変化の一つと言える。

そしてもう一つは、本ファンド最大の特徴であった外国株式の組入が、残念ながら0％と全く行われていない。本ファンドならば、世界の小売りの勢力図を大きく塗り替えるＡｍａｚｏｎや、全米一の時価総額に輝いたＡｐｐｌｅ、最近のＡＩを使った自動運転車の話題の中心にあるＮＶＩＤＩＡなどは当然組入可能な銘柄であり、また実はこれらの銘柄は過去には組み入れられていたことも実際にある。しかし、ファンドマネージャーが交代して以降、外国株式が新規に組み入れられた形跡は全くなく、それについて特段の説明もされていない。受益者から見れば、この数年の間、極めて優れたパフォーマンスを示したＮＡＳＤＡＱのこうした銘柄が、結果論ではあるがファンドに組み入れられなかったことについて、その理由を運用会社に問い質してみたいと思うだろう。

これは恐らくファンドマネージャーの方針というよりも、運用会社自体のポリシーの変化によるところが大きいと思われる。とりわけディスクロージャーのポリシーについては、全社的な問題でもあり、全銘柄の開示をこのファンドだけする訳にもいかないという考え方は理解できるだろう。

三井住友株式アナライザー・オープンの運用レポート

ファンド設定日：1997年10月29日

基準価額・純資産総額の推移（円・億円）

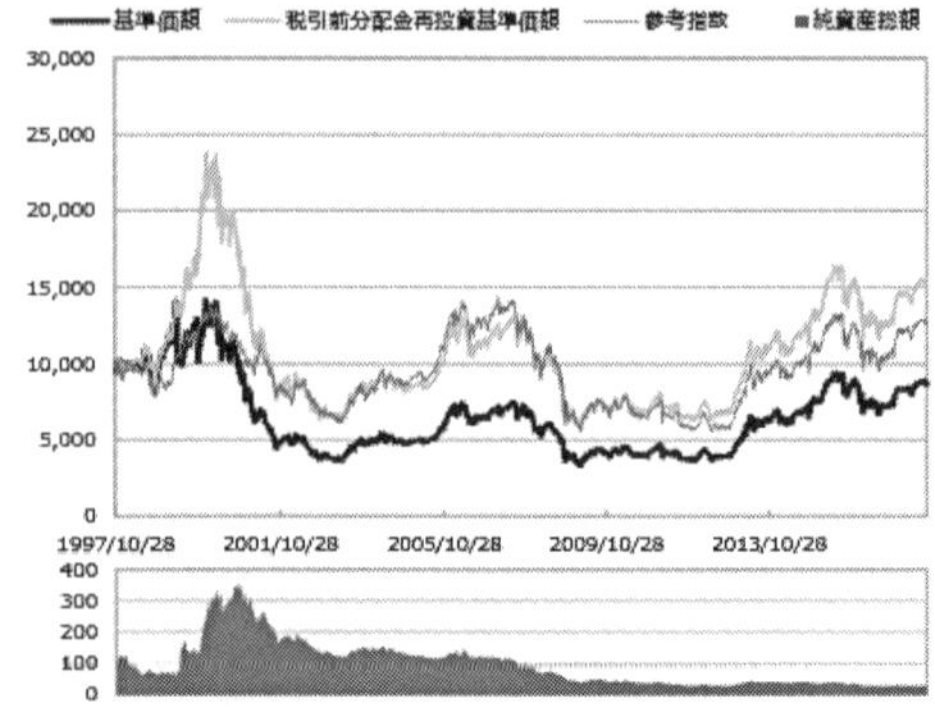

■ グラフは過去の実績を示したものであり将来の成果をお約束するものではありません。
■ 基準価額は信託報酬控除後です。信託報酬は後述の「ファンドの費用」をご覧ください。
■ 参考指数は、TOPIXです。ファンド設定日前日を10,000とした指数を使用しています。
詳細は後述の「ベンチマークまたは参考指数に関する注意事項」をご覧ください。
※2009年5月29日に参考指数を日経平均株価からTOPIXに変更しております。

基準価額・純資産総額

	当月末	
		前月比
基準価額（円）	8,740	-105
純資産総額（百万円）	2,770	-100

■ 基準価額は10,000口当たりの金額です。

騰落率（税引前分配金再投資）（%）

	基準日	ファンド	参考指数
1カ月	2017/07/31	-1.2	-0.1
3カ月	2017/05/31	2.0	3.1
6カ月	2017/02/28	5.7	5.3
1年	2016/08/31	19.2	21.7
3年	2014/08/29	26.9	26.6
設定来	1997/10/29	52.3	28.0

■ ファンドの騰落率は税引前分配金を再投資した場合の数値です。
■ ファンド購入時には購入時手数料、換金時には税金等の費用がかかる場合があります。
■ 騰落率は実際の投資家利回りとは異なります。

また、ファンドマネージャーが外国企業の調査に北米や欧州までホイホイ気軽に行かせてもらえるかどうかもわからない。訪問調査ができなければ、このファンドは当該企業を組み入れることはできないので、身近な日本株に頼るしかない。それだけ、運用会社の経営方針の変更や組織体制の変更はファンド運用に大きな影響を与え、当然、ファンドマネージャーの交代は、ファンドに最大のインパクトを与えるということは明らかだ。

もう一点、運用レポート（上図参照）の中で注目してほしいのは、チャートの中で、薄い灰色のラインで示されている「税引前分配金再投資基準価額」の推移である。

設定後、3年目ぐらいのところで約25000円レベルまで達しそうな勢いで上昇している。このファンドは、冒頭で説明したようにファンドマネージャーの、すなわち運用現場の提案により生まれたファンドだ。つまり、日々マーケットを見ている中で「今ならこうした設計のファンドを作ったら、きっと上手く行くだろう」と考えて作られたファンドだ。その甲斐あってファンドは抜群にいい成績を上げることができた。

しかし、もし新しいファンドは駄目で、古いファンド、少なくとも3年以上が経過しているものがよいと教科書的なことを言われたら、このファンドの一番美味しかったところを味わうことはできていない。

すなわち、運用現場発で開発された新しいファンドで、営業ニーズで開発されたファンドでなければ、新しいファンドでもじゅうぶん良質なファンドは存在するということだ。（筆者の運営するブログ「FUND GARAGE」の「私が愛したファンド達-1「さくら株式アナライザー・オープン」」という記事（http://fundgarage.com/post-762/）に開発時の経緯を含めて詳説）

Ⅲ　プロテクトラインがついたら安心だという誤解

ポイント

(A) 金融商品は、構造参加者が増えれば増えるだけ、コストがかかる
(B) フロアーリスクがカットされるということは、アッパーリターンもカットされている

「一度値上がりしたら、そこから値下がりしないファンドは作れないのか？」

誰でも一度手にした値上がり益は手放したくないもの。ましてや、一度よい水準かなぁと思うところまで値上がりしたのに、手放し損ねてしまったときは、かなり失望する。そのため、「一度値上がりしたら、そこから値下がりしないファンドは作れないのか？」という宿題は、過去綿々と商品開発現場に要望され、運用現場や商品開発担当者を困らせてきた。

なかには「ミドル・リターンでいいんだ。その代わり、ローリスクな商品を作ってくれ」と理論を無視した要請も、真面目な話、結構存在する。残念ながら、どんなときでも「リスクとリターンはトレードオフ」。片方だけ小さくしたり、大きくしたりすることは無理なのだが、「ファンドが売れるのは営業のお陰、ファンドが売れないのは商品のせい」という「そんな理不尽な」と言いたくなる愚痴は、古今東西プロダクト関係者共通のもののようである。

さて近ごろ設定されたファンドで、筆者がとても注目しているファンドがある。新しい設定のファンドをどう見ればよいかを考えることも兼ねて、一つ新しいファンドを検証してみたい。

それは「ＳＭＢＣ・アムンディ　プロテクト&スイッチファンド　愛称：あんしんスイッチ」というファンドで、２０１７年７月28日に、バランス型ファンドとしては実に２００７年以来、約10年ぶりの大型設定となる６００億円超で設定されたファンドだ。販売会社である三井住友銀行が精力的に販売したことも事実ではあるが、設定時の販売額がここまで伸びたのはどんな商品性によるのか、実に興味深いところである。

その答えこそがファンドの愛称にもなった「あんしんスイッチ」、すなわちプロテクトラインである。あの半沢直樹、いや堺雅人さんがテレビＣＭでも宣伝していたファンドである。まさに前述の「そんな理不尽な」という愚痴を吹き飛ばしたようなファンドである。

ちなみに、その〝プロテクトライン〟というお客様を魅了したすごい仕組みとはどんなものか、販売用資料の文言を引用すると

「安定的な収益の獲得を目指す運用を行い、基準価額の上昇に応じてプロテクトラインが引き上がります。一旦上昇したプロテクトラインは下がりません」

というもの。おまけに形式要件としても、販売時の募集手数料はゼロ、解約時の信託財産留保額もゼロということでどちらも二重◎で、今どきの環境下では当初販売金額を相当伸ばしやすい要素を満載している。

しかし、ＥＴＦを投資対象とするファンドにしては、運用管理費用（信託報酬）・保証料が合計で年率１・４４０４％（税込）以内というのは、ちょっと高過ぎる気がする。だが、運用さえうまくいくならば問題にならないものだ。

なので、これがどう投資成果に影響してくるかは後述するとして、この年率１・４４０４％の中に、実は運用会社の親会社向けの保証料が年率０・22％含まれている。す

なわち純粋な運用管理費用は年率1・2204％（税抜1・13％）。投資スキームとして元本の保全を図るダイナミック・アセット・アロケーションなどによってプロテクトラインを保全するのではなく、実は単純に運用会社であるアムンディの親会社にあたるクレディ・アグリコル・エス・エーを保証銀行として、もしプロテクトラインを割れた場合にその保証を任せたスキームと言える。言わば損害保険料のようなものだ。

わかりやすく実額で示すと、投資家がこのファンドを100万円分購入したとすると、運用管理費用（信託報酬）として毎日年率1・2204％（税抜1・13％）相当分約33・4円、年間にして約12204円がファンドの中から引き落とされる。さらに保証料としてクレディ・アグリコル・エス・エーに毎日年率0・22％相当分約6円、年間にして約2200円が一緒にファンドから引き落とされて支払うことになる。合計すると毎日約40円、年間で約14404円（基準価額にすると約14円相当分）が引落しとなるが、これを高いと見るか、安いと見るかは投資家が判断すべきところだ。

ただ、もし向こう1年間、このファンドの投資対象からの投資収益が1円も発生しなかったとすると、1年後には理論上、基準価額は9856円まで下がるということになる。

プロテクトラインが元本水準まで上がるためには……

設定によればプロテクトラインが元本水準である10000円になるためには、基準価額が10600円に上がる必要がある。ここで単純にたった6％のリターンでいいのかと考えるのは早計であり、前述の費用分も含めてそれは投資により稼ぎ出さないとならない。つまり1年間の時間経過を無視して単純に計算すると、10600円－9856円＝744円（年率約7・44％）を稼ぎ出す必要がある。

この手の商品のパンフレットとしては当然のことながら、プロテクトラインが段々上がっていくようなイメージを想起させるように、上手く行っているケースを想定しての文言が並ぶが、期待リターン年率約7・44％の運用成果のハードルは結構高い。そこで、約7・44％とは、実額ベースでどれくらいの水準を言っているのかを実感しておく必要がある。

一例として日経平均株価で考えてみると、20000円の日経平均株価の約7・44％上昇した水準というのは21488円、つまり21500円まで向こう1年間以内に上昇することと等価となる。向こう1年間以内にと記した訳は、それ以上になるとコスト計算の次の期間に入ってしまうからだ。ただし、これは日本株のＥＴＦにフルインベストメントしていて、その投資している部分が、日経平均株価にピッタリと連動して１００％その上昇を享受できた場合になる。

運用方法、投資対象を考えてみる

運用方法を知るためには、交付目論見書の「ファンドの目的・特色」のページを読むのが手っ取り早いが、そこには

「世界の株式、債券および短期金融資産など、さまざまな資産へ投資し、資産配分を機動的に変更することにより、基準価額がプロテクトラインを上回るように運用しつつ、安定的な収益の獲得を目指します」

という記述がある。アセット・アロケーションをどうやら機動的に変えるということらしいが、逆に言えば株式への投資比率が１００％になることはない。さらに「ファンドの目的・特色」のページを繰っていくと、資産配分、すなわちアセット・アロケーションについての考え方の記述がある。基準価額とプロテクトラインの開きが小さい場合と大きい

資産配分の考え方（イメージ図）

	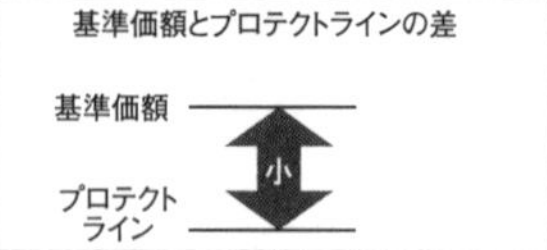		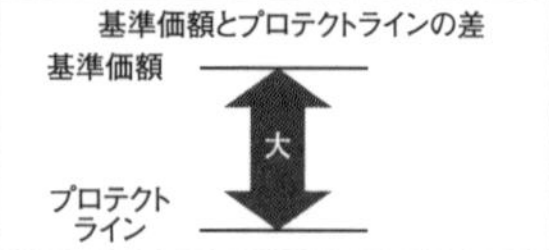	
経済・市場見通し	弱気	強気	弱気	強気
資産配分の考え方	基準価額がプロテクトライン以下になることを避けるため、短期金融資産等が中心となります。	リスクを抑えた資産配分を基本としながらも、債券、株式等への組入比率を高めます。	リターンの獲得を目指しながらも、市場環境の急変に備えるため、短期金融資産等の組入を相応に維持します。	リターンの獲得を目指すため、株式等への組入比率を高めます。
配分比率	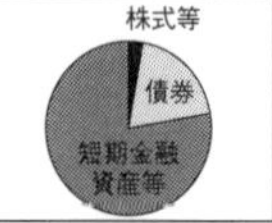	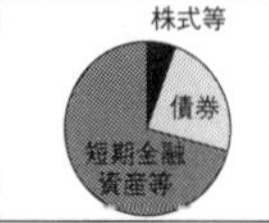	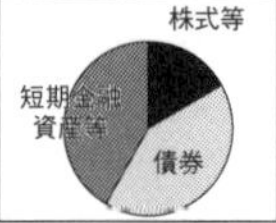	

＊上記はファンドの資産配分について説明するためのイメージ図であり、実際の資産配分が上記の通りになるとは限りません。

場合のイメージ図が数値の明示はなしに書かれている。

目見当で読み解くと「基準価額とプロテクトラインの差が小さい場合」で、経済・市場見通しが弱気だとすると「債券がおおむね20％前後で、短期金融資産等が残り約80％で株式は小さすぎて見えないレベル」となっている。逆に強気な場合は「株が5～7％程度、債券が25％程度で残りの70％程度が短期金融資産」となっている。

一方、プロテクトラインまでの開きが大きい場合で、同じく経済・市場見通しが弱気な場合、株が約15～20％程度、債券が40％程度、残りの40数％は短期金融資産等とあり、強気な場合で

資産別配分比率（大分類・中分類）

2017年8月31日現在（純資産総額比）

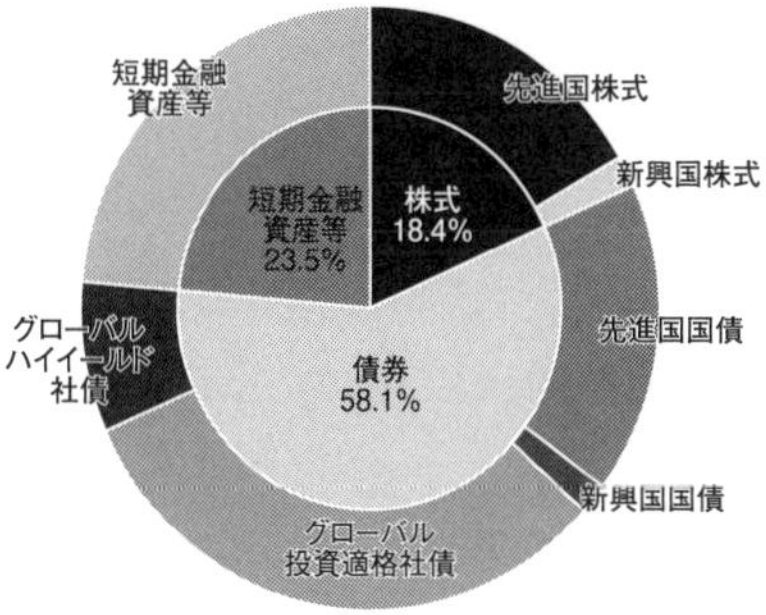

先進国株式	16.9%
新興国株式	1.5%
先進国国債	16.6%
新興国国債	1.8%
グローバル投資適格社債	31.7%
グローバハイイールド社債	8.0%
短期金融資産等	23.5%
合計	100.0%

＊「短期金融資産等」は、現金を含みます。主に日本円であり、一部その他資産も含まれます。

株等、債券、短期金融資産が１／３ずつとある。

これはあくまでイメージ図（上の図：ファンド交付目論見書より引用）だとディスクレーマーは入っているが、逆にこれを大きく逸脱することは、投資信託のルール上、手間暇の掛かる段取りをふまないとならないので、どの単一のアセット・クラスも１００％になることはありえないだろう。また「機動的な」という文言が記載されているが、その頻度については記載がないので、この各アセット・クラスの最小から最大の状態、株で言うなら０％レベルから約１／３への変更が、本ファンドにおける「機動的な」の定義と理解することができる。

本書の原稿執筆時点で入手できる本ファンドの運用レポート（２０１７年8月31日現在）に、

ちょうどアセット・アロケーションの詳細が記載されているので、それを参考に現状を評価すると、どうやら「経済・市場見通し」については「弱気」の部類に入り、「基準価額とプロテクトラインの差」については、「大きい」状態という前提となっているようだ。

これによると、株式の組入比率は合計18・4％（先進国株式16・9％＋新興国株式1・5％）、債券の組入比率は合計58・1％（先進国国債16・6％、新興国国債1・8％、グローバル投資適格社債31・7％、グローバルハイイールド社債8・0％）、そして現金相当の短期金融資産等が23・5％となっている。


同日付のファンドの状態は、基準価額が9987円（△0・13％）、プロテクトラインが9000円、純資産総額が875・4億円である。

この先、どうなっていくかを予想してみる

設定からすでに1カ月は経過し、ポートフォリオ構築は終わっていると想定できるので、この先、このファンドがどのようなパフォーマンスをあげていくかを予想してみたい。

昨今の市場環境・投資環境であるが、2017年下半期入りし、円金利は無担コールO

／Nがおおむね△0・47％程度、新発の10年日本国債が約0・075％程度、米国債10年物が約2・34％程度、日経平均株価は20400円78銭、NYダウが22557・60ドルとなっている。これらの数値は、日経新聞の朝刊から円金利、夕刊から海外金利を拾うことができるので、これらの数値は参考までに2017年10月3日の朝夕刊から抜粋したものだ。

まず短期金融資産等からのリターンは、当然のことながら期待できない。よくて0％といったところだろう。

債券のデュレーションがわからないので、期待リターンを細々計算はしないが、米国債10年の足元水準が2・34％で金利上昇局面、さらには外貨建て資産も原則的には為替ヘッジをするとあるので、為替差益が出ることも大きく期待しづらい。むしろ完全にフルヘッジをしてしまったら金利裁定が働いて、金利水準は円金利レベルに収れんしてしまうので、若干の為替リスクをとるか、ハイイールド部分で上乗せ金利を若干狙っていくか、いずれにしてもそう大きくは期待できないが、おまけして米国債金利分と仮定して2・34％を仮置きする。

組入比率と期待リターン、そしてファンド影響度

	組入比率	期待リターン	ファンド影響度
株式	18.40%	X%	Y%
債券	58.10%	2.34%	1.36%
短期金融資産等	23.50%	0.00%	0.00%
合計	100.00%	——	7.19%

（ただし、組入比率は2017年8月31日のものを利用）

２０１７年10月２日の本ファンドの基準価額は１０００２３円（純資産総額 １２１０・85億円）。次のスイッチの１０６００円に達してプロテクトラインを元本１００００円とするためには、基準価額で５・76％の上昇が必要となるため、前述のコスト年率約１・44％を加味して、この先１年以内に７・19％の投資収益がファンドとして稼げれば、ネットで１０６００円を超えてくることになる。これをまとめると上のような表を作成することができる。

この表にある通り、株式がX％上昇すれば、その組入比率は18・4％なので、X％×18・4％でY％分、ファンド全体の投資収益として貢献するになる。よって株式がY％、債券が１・36％、短期金融資産等が０・00％（ゼロ金利下故、０％で回すことも難しいとは想定される）の合計が７・19％を超えることができれば、めでたくスイッチが入って、ファンドのプロテクトラインは元本１００００円となる。ここから方程式を解くと、Y％は７・19％－１・36％＝５・83％となるので、X％＝５・83％÷18・４％＝31・68％と計算する

ことができる。

株式の投資先は先進国株式が16・9％、新興国株式が1・5％とあるが、国名が特定できないので、仮に前述の日経平均株価とＮＹダウでそれぞれ31・68％上昇した水準を計算すると、

(A)　日経平均株価：20400円78銭×131・68％＝26863・75円
(B)　ＮＹダウ　　：22557・60ドル×131・68％＝29703・85ドル

という期待値を導くことができる。1年以内にこの水準に株価が達すると思うかどうか、当然、経済・市場への見通しが強気に変われば、各アセット・クラスの組入比率が変わるので、表の数値を入れ替えて計算してみればよいのだが、筆者の感覚では結構ハードルは高いように思われる。

さて、株価がこの水準まで上昇しないとなると、プロテクトラインが9000円よりも上がってくることは残念ながらない。しかし一方で、毎年費用だけは継続的に支払うこと

になる。仮に年間約144円分を稼ぎ出すために、今のアセット・アロケーションであれば、株がいくらになればよいかも計算できる。

表の最下段右側の7・19％を1・44％に置き換えてX％を同じように計算すればいいのだが、Y％＝0・08％となるのでX＝0・08％÷18・4％＝0・44％となる。すなわち、1年後の10月初めの株価の水準が下記のレベルにあれば、今のアセット・アロケーションのままで、コスト分は稼ぎ出せ、株価が下回るようだとコスト割れということで、基準価額はズルズルと下がることになってしまう。

(A) 日経平均株価：20400円78銭×100・44％＝20490・54円
(B) NYダウ　　：22557・60ドル×100・44％＝22656・85ドル

ちなみに、そんな状況が5年続いてしまうと、コストだけで720円にもなってしまい、むしろ9000円水準のプロテクトラインが視野に入ってきてしまう。もしその段階で株価が下押しすることとなれば、9000円での繰上げ償還となる。想像したくないことではあるが、このまま7年間が過ぎてしまうと、コストだけで1000円を超えて来るので、やはり自動的に9000円で繰上げ償還となってしまう。

問題点は何かと言えば、元本の安全性に注目するあまり、かなり慎重な運用を志向した上で、「あんしんスイッチ」というアイデアをとり入れるために、余計なコストを付加してしまったことにありそうだ。

販売の現場を想像するに、その当初設定額とその後の純資産総額増加が証明するがごとく、お客様には説明も販売もしやすいのだと思う。国際分散投資の利いたバランス型ファンドで、中身はパッシブ運用のＥＴＦで、なおかつ「あんしんスイッチ」つき。募集手数料もゼロなら、信託報酬総額も決して業界水準的に高いほうではない。販売サイドから見れば、旬なテーマものとアイデアを上手く組み合わせている。おそらく、このファンドは販売サイドがリードして作ったファンドだと想像がつく。ただ惜しむらくは、投資による収益をお客様が実際に得られる可能性が極めて低いということだ。

Ⅳ　毎月分配型投資信託は悪であるという誤解

ポイント

(A)　運用収益のふりをして元本を払い出すのは問題あり
(B)　あらかじめ、年金形式で残存○%までになるまでは定期的に払い出すというのは◎
(C)　定期的に投下資本を取り崩してほしい投資家ニーズは厳然と存在する

毎月分配型ファンドが一躍脚光を浴びて、多くの運用会社が我も我もと続くようになるきっかけを作ったのは「グローバル・ソブリン・オープン（毎月決算型）」、もしくは「ピクテ・グローバル・インカム株式ファンド（毎月分配型）」、通称「グロソブ」「グロイン」と言って反対する人はいないと思う。なにせ残高もリーマンショックの直前のピーク時にはグロソブが約5兆7000億円、「グロイン」が約2兆5000億円にもなっていたのだからすさまじい勢いである。現在はそれぞれ、約1／10の5717億円と約1／4の6354億円（10月3日現在）にまで縮小し、残高順位では第15位と第14位になってしまっている。

反対に今現在、どんなファンドが純資産総額上位（次頁表参照）に来ているかと言えば、上位６本は全てパッシブ型のインデックスファンド、ただし上場投資信託であるからＥＴＦである。それでも、トップで約６兆円、第2位で約5兆円であるから、グロソブがどれだけ人気のファンドであったのかは想像するに難くない。なぜなら、現在このＥＴＦのビッグ・ホルダーは日本銀行のはずだからである。

通常の公募型投資信託で現在トップの残高を誇るのは、やはり今でも毎月分配型のファンドで「フィデリティ・ＵＳリートＢ（為替ヘッジ無し）」である。ただ残高で見ると、昨年２０１６年12月15日に最大1兆６０２６億円をつけたあと、現在は1兆２２９０億円まで減少傾向をたどっており、かつてのグロソブのようなすごみはない。それは２０１６年11月の決算から、それまで１００円を毎月分配していたところを、70円に減配したことに原因が想定できる。それ以下の順位のファンドを見てみても、やはりインデックスのＥＴＦか、毎月分配型のファンドが並び、減配したファンドは残高を減らしているとは言いながらも、まだ毎月分配型のファンドは人気のファンドであることに変わりはない。

投資信託純資産総額ランキング（2017年10月3日現在）

順位	ファンド名	運用会社	純資産額（百万円）
1	TOPIX連動型上場投資信託	野村	6,070,086
2	日経225連動型上場投資信託	野村	5,010,463
3	ダイワ 上場投信-トピックス	大和	2,864,273
4	上場インデックスファンドTOPIX『愛称：上場TOPIX』	日興	2,817,490
5	上場インデックスファンド225『愛称：上場225』	日興	2,652,352
6	ダイワ 上場投信-日経225	大和	2,282,424
7	フィデリティ・USリートB(H無)	フィデリティ	1,228,977
8	MAXIS 日経225上場投信	三菱UFJ国際	1,125,599
9	新光 US-REITオープン『愛称：ゼウス』	アセマネOne	1,105,727
10	フィデリティ・USハイ・イールドF	フィデリティ	1,008,041

手もとに123ページに及ぶ「平成27年度金融レポート　平成28年9月 金融庁」なるものがある。つまり、昨年の2016年9月に公表された金融庁による金融レポートであるが、ここに明確に金融庁の考え方が示唆されている。いわく「一般に、利益を分配せずに再投資するほうが投資効率は高くなるとされている。当面現金を必要とせずに中長期での資産形成を考えている顧客も含め、一律に収益分配頻度の高い商品を提案する場合が多いということは、販売会社において、必ずしも顧客のニーズに沿った対応がとられていないことの一つの証左ではないかとも考えられる」（同金融レポート 63ページより引用）とあり、さらに「運用内容が同じ投資信託において、年1～2回の決算分配型のものがあるにもかかわらず、経済合理性に欠ける

毎月分配型による再投資を行わせている事例等、商品特性を正しく伝えた上で顧客に選択をさせているとは言い難い事例が見られる」（同金融レポート65ページより引用）などとある。

要するに、金融庁がまず、毎月分配型ファンドの不合理性を指摘し始め、毎月分配型のファンドの人気は変調をきたすようになる。それ以前からも金融庁が毎月分配型のファンドを問題視しているという話は漏れ伝わってきていたが、明確な文章に落とし込んで公表されたのは初めてなのかもしれない。

なぜ金融庁がそうした動きに出たかと言えば、毎月分配型ファンドが分配金利回り競争に陥り、実力以上の分配金を配当することで残高を伸ばすという流れが続いていたからである。2011年には投資信託協会の自主規制として、決算毎の運用報告書に収益分配金の原資の記載を任意努力目標（実質的には強制）とする動きも出てきていたが、販売サイドの強いニーズに押されて、分配金競争の流れはあまり変わらなかった。

何が問題だったかと言えば、本来はある一定期間の運用収益からの配当という形で分配金は支払われるべきで、もしそうであれば、「高い分配金＝運用が上手」という流れができあがるはずなのだが、追加型投資信託の計理処理の特殊性により、必ずしも運用が上手

フィテリティUSリートB（為替ヘッジなし）の運用報告書（第148期〜第153期分）2016年9月15日付運用報告書

B（為替ヘッジなし）

第148期から第153期の1万口当たり分配金（税別前）は、分配方針に基づきそれぞれ100万円といたしました。また、収益分配に充てなかった利益につきましては投資信託財産中に留保し、運用の基本方針に基づいて運用します。

分配原資の内訳

（単位：円、1万口当たり・税引前）

項目		第148期	第149期	第150期	第151期	第152期	第153期
		2016年3月16日〜2016年4月15日	2016年4月16日〜2016年5月15日	2016年5月16日〜2016年6月15日	2016年6月16日〜2016年7月15日	2016年7月16日〜2016年8月15日	2016年8月16日〜2016年9月15日
当期分配金（対基準価額比率）		100 1.94%	100 1.95%	100 2.04%	100 1.95%	100 2.06%	100 2.20%
	当期の収益	17	7	6	17	−	6
	当期の収益以外	82	92	93	82	100	93
翌期繰越分配対象額		9,417	9,325	9,232	9,150	9,050	8,957

く行っていなくても「分配可能原資」と言われる分配準備積立金なるものが積み上がる手品のような計理処理があり、これを乱用した運用会社が主として販売会社の言いなりに高額の分配金を支払うようになっていたからである。

参考に「フィデリティ・USリートB（為替ヘッジ無し）」の運用報告書（2016年9月15日付）の分配金原資を説明している表を添付した。

第148期〜153期までの6期間、毎月100円の分配をし、対基準価額比率では約2%前後、すなわち年率約24%前後の高配当を捻り出していることがわかる。しかし、その下段二つを見ると、どの期も「当期の収益」からの払い出しよりも「当期の収益以外」の部分からの払い出しが多く、第152期に至っては全額を「当期の収益以外」から払い出しているのが

フィテリティUSリートB（為替ヘッジなし）の運用報告書
（第154期～第159期分）2017年3月15日付運用報告書

B（為替ヘッジなし）

第154期から第159期の1万口当たり分配金（税別前）は、分配方針に基づき下記表中の分配額とさせていただきました。また、収益分配に充てなかった利益につきましては投資信託財産中に留保し、運用の基本方針に基づいて運用します。

分配原資の内訳

（単位：円、1万口当たり・税引前）

項目	第154期 2016年9月16日～2016年10月15日	第155期 2016年10月16日～2016年11月15日	第156期 2016年11月16日～2016年12月15日	第157期 2016年12月16日～2017年1月15日	第158期 2016年1月16日～2017年2月15日	第159期 2016年2月16日～2017年3月15日
当期分配金 （対基準価額比率）	100 2.26%	70 1.62%	70 1.48%	70 1.51%	70 1.53%	70 1.59%
当期の収益	18	1	70	17	3	10
当期の収益以外	81	68	－	52	66	59
翌期繰越分配対象額	8,876	8,808	8,823	8,772	8,706	8,647

わかる。そして、その分だけ「翌期繰越分配対象金額」が減額になっている。つまり帳簿上で生じた分配準備積立金を取り崩して、いわゆる「タコ配」で元本を食いつぶしているのである。

当期の収益からの分配がないということは、一方的に基準価額はこの間下落している。このことを金融庁は先の文書で経済合理性に欠けると指摘しているのである。

まったくその通りであり、金融庁の指導と受け取った多くの運用会社はこの後、毎月分配金の減配を始める。上の表は、全く同じファンドの次の運用報告書（2017年3月15日付）の分配金原資を説明しているページである。第154期～159期までの6期間の記載があるが、第155期から70円に減配していることが見てとれる。第155期とは、先ほどの金融レポートが出状された翌月に該当する決算期である。しかし、いかんせん運用環境が回復していないためか、30円程度減配しただけでは、残念ながらその期の運用で分配することはできていない。唯一、第156期だけは当期の収益からだけで分配し、更に15円相当を翌期に繰り回すことができている。

元本取り崩しの配当は、本当に悪いのか?

金融庁のみならず、これだけメディアなどで「毎月分配型ファンドの経済不合理性」が喧しく騒がれる中で、それでも「フィデリティ・USハイ・イールド・ファンド」のように1年前の8000億円レベルから、足もと1兆円超まで純資産総額を伸ばしているファンドがある。しかも、次の頁の表で確認できる通り、毎月の分配金の内訳は、半分以上が当期の収益以外のとり崩しである。にもかかわらず、残高がコンスタントに伸びているということは、投資家にとって「毎月分配型」というキャッシュ・フロー自体に魅力があり、そこには当期の収益か否かというような論点はないのではないだろうか。事実、「グローバル・アロケーション・ファンド 愛称:世界街道」といって、毎月分配型で目標払い出し型ファンドというのがある。これは投資損益の多少にかかわらず、分配金として運用資

フィテリティUSハイ・イールドファンドの運用報告書
第149期～第154期

（単位：円、1万口当たり・税引前）

項目	第149期	第150期	第151期	第152期	第153期	第154期
	2016年3月16日～2016年4月15日	2016年4月16日～2016年5月15日	2016年5月16日～2016年6月15日	2016年6月16日～2016年7月15日	2016年7月16日～2016年8月15日	2016年8月16日～2016年9月15日
当期分配金（対基準価額比率）	50 1.19%	50 1.22%	50 1.22%	50 1.27%	50 1.29%	50 1.28%
当期の収益	20	15	18	13	14	17
当期の収益以外	29	34	31	36	36	32
翌期繰越分配対象額	1,580	1,547	1,515	1,479	1,444	1,411

産を払い出すということをあらかじめ目論見書に謳っており、足もと総純資産残高が681億円のファンドも実在する。

実は、この毎月分配型ファンドの設定については、筆者が投信会社の社長をしていた当時、社内でも侃々諤々の議論をし、また業界で一、二位を争うような運用会社の社長にも個人的に知己を頼って相談に行ったことがある。そして驚いたのは、その社長も同じ悩みをかつて抱え、また本国の外国人にも、そんな不思議な分配方針のファンドについて、その正当性を説明するために大いに悩んだという。しかし、結論はそのニーズは実際に投資家側にあるということに達したというからもう一度驚いた。そうニーズは実は高齢者のところにあった。

高齢者となり現役生活を離れると、年金とそれまでの蓄えで暮らすことになり、資産の多寡に関わらず、日々自由になる資金が減るらしい。その理由の一つは家計の節約ということにあるが、実は「家人の手前、自分の資産といえども、自由に取り崩せない」という高齢者は案外多いという。そのため、一度購入しておけば、自動的に毎月いくらか振り込まれるファンドというのは「おじいちゃん、おばあちゃんが孫の前で好きに使えるお小遣い」を提供してくれる数少ないものらしいのだ。

また米国では現在、ベビーブーマー世代は蓄財・運用の段階を終え、それを取り崩す局面に入ったというが、実はフィナンシャル・アドバイザーの間で一番賑わっている案件は、アセット・アロケーションの管理で、値上がりして歪んだアロケーションに利食いを入れて整えたり、株への投資などよりもローリスクで流動性の高い資産に切り替えたりすることになっている。すなわち、高齢者になると、どのタイミングで現金化してよいのか判断がつかないため、専門家に任せるということのようだが、これも本質的には毎月分配型と同じ発想である。つまり運用収益であろうと、元本の取り崩しであろうと、機械的に誰かに資金の取り崩しを行ってもらって、毎月のキャッシュ・フローをプラスにしたいというニーズだ。

そこには「高い分配金で生活費の補塡をしたい」という切羽詰まったニーズはない。実はこのニーズは、元ファンドマネージャーとしてとても納得できるものがある。なぜなら、運用する上で最も難しいのが、買うことではなく売ることだからだ。

パフォーマンスのあがらないファンドマネージャーの共通点の一つは、皆売りが下手だということ。個人、それも高齢者ならばなおさらだろう。

「残存○％になるまでは、定期的に一定金額の分配を行います」

毎月分配型ファンドが金融庁から多くの指摘を受けたのは、長期の資産形成が目的なのに毎月分配してしまうのは経済合理性に反するがためだ。また、あたかも当期の運用収益で分配金を賄っているかのごとき販売方法がまかり通っていたことに対して、これをよしとしなかったのもじゅうぶん理解できる。

しかし、一方でそうした長期の資産形成というライフ・ステージを過ぎ、経済合理性という話とは別の次元で、毎月定期的なキャッシュ・フローを得たいニーズというのは、前述したように厳然と存在するのは確かだ。

それに対応した一つが「目標払い出し型」というファンドであるが、より積極的に「元本の○%に達するまでは、定期的に当該期間の運用収益、もしくは元金の払い出しによって、一定金額の分配を行います」という形式のファンドのニーズがある。あらかじめ元金の払い出しを謳うことで、投資家をいつわったり誤解を招いたりすることもない。

V　REITは安全な利回り商品だという誤解

ポイント

(A) 金利上昇局面で不動産投融資の勢いが落ちると、投資対象の新規供給が減る
(B) 急激な大口解約に堪えうる流動性は、不動産にはない
(C) REITのファンドマネージャーは不動産会社からの出向者などもいるが、投資物件のデューデリジェンスには自ずと限界がある
(D) 当然、親会社が買い取る責任はない

一言でREITといっても、定義が色々とあるので要注意

REITについて書き出すと、それだけで本が一冊書けてしまうので、ここでは知っておくべき要点に絞って書くことにする。

REITとはReal Estate Investment Trustの略称であり、不動産投資信託である以上、

幅広く投資家から調達した資金を不動産に投資する金融商品である。日本では不動産投資信託とも不動産投資法人とも言われるが、それは「契約型」と「会社型」の2種類があり、日本では後者の「会社型」、すなわち不動産投資法人のほうが多い。もともとREITという仕組みはアメリカで生まれたものなので、日本では頭にJAPANの「J」をつけて「J-REIT」と呼ばれ、J-REITは証券取引所に上場されている。

本場米国のREITの場合、運用形態は投資法人自体で行う自家運用の場合と、運用会社に委託する場合とどちらのケースも存在するが、日本では法律によって、運用などの実質的な業務を行うことが法律によって禁止されているので、資産運用の業務は「運用会社」に、資産保管の業務は「資産保管会社」に、一般事務は「事務受託会社」にそれぞれ委託されている。また、J-REITには役員会だけではなく、株式会社の株主総会にあたる「投資主総会」があり、役員の選任などについて、投資家が意思を示すことができる仕組みになっている。

運用会社の役割は、投資する不動産の選定を行ったり、不動産をどのような条件で賃貸するのかなどの戦略を決定したりすること。また、不動産の価値を維持するための修繕計画を立案し、実行することに加えて、財務戦略を立案し、必要な資金調達を行うこととなっている。ＲＥＩＴの運用会社は不動産投資顧問業と呼ばれ、根拠法も２０００年９月１日に不動産投資市場の育成と投資家の保護を目的に定められた「不動産投資顧問業登録規程」による。

同規定によると、不動産投資顧問業には、「一般不動産投資顧問業」と「総合不動産投資顧問業」の2種類があり、一般不動産投資顧問業とは、顧客に対して不動産投資についての投資助言契約に基づく助言を行う営業のことをいい、総合不動産投資顧問業とは、不動産投資についての投資助言業務、および不動産投資についての投資一任契約に基づく不動産取引等を行う営業のことをいう。そして、有価証券に関わる運用会社の監督官庁が金融庁であるのに対し、ＲＥＩＴの運用会社の監督官庁は国土交通省であり、毎事業年度終了後3カ月以内に、国土交通大臣宛に営業報告書を提出する。

ＲＥＩＴとは、この不動産投資法人が株式会社でいうところの株式に当たる「投資証券」を発行し、ＲＥＩＴに投資する投資家は、この投資証券を購入する。投資家から預かった資金をもとに、ＲＥＩＴは不動産などに対して投資し、購入した物件の賃料収入や、物件

J-REITの仕組み

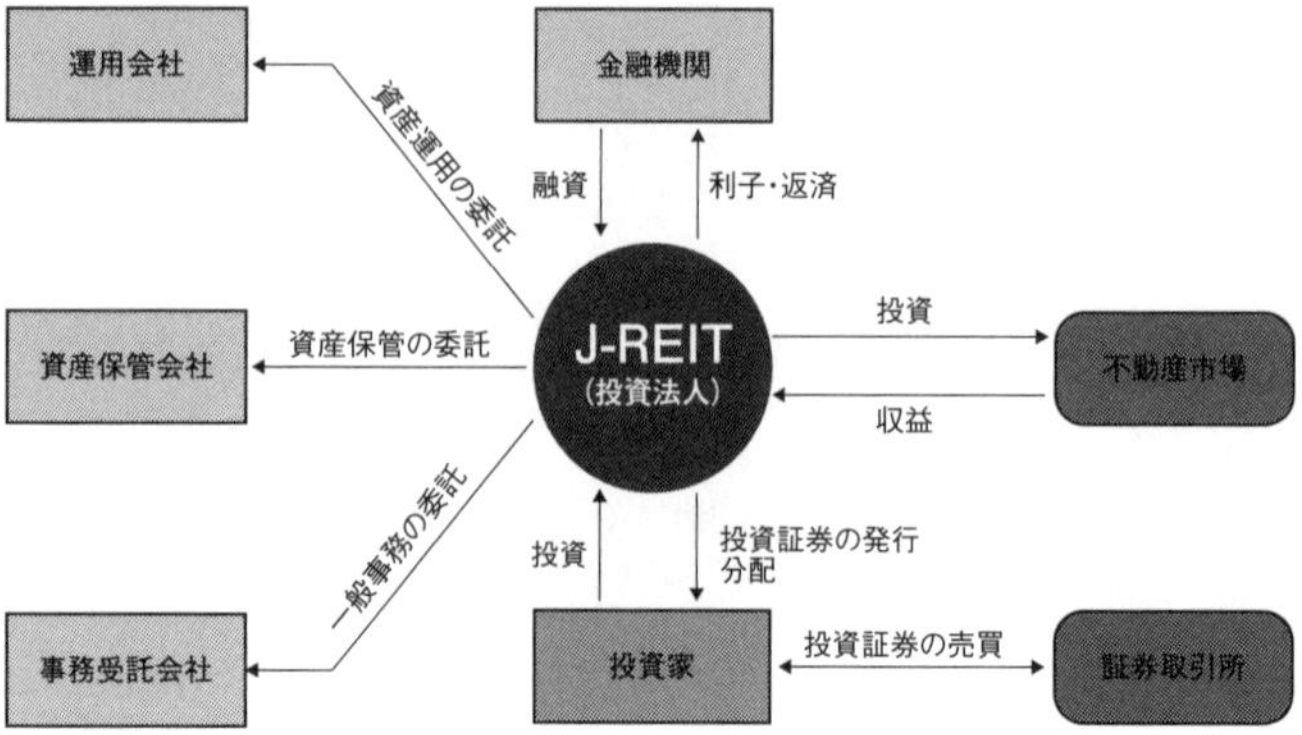

の売買で得られた収益を投資家に分配する。また、ＲＥＩＴは、金融機関から融資を受けたり、株式会社でいうところの社債に当たる「投資法人債」を発行して資金調達をすることもできる。

　上の図は、投資信託協会がＪ‐ＲＥＩＴを例に、その関係を図式化したものである。

ＲＥＩＴとＲＥＩＴファンド、ＲＥＩＴ‐ＥＴＦ

　ＲＥＩＴ自体が不動産投資信託、もしくは不動産投資法人なので、この段階ですでに不特定多数の投資家の資金を集めて、多数の不動産に分散投資をするという形になっているのだが、ＲＥＩＴファンドは、このＲＥＩＴをさらにファンド・オブ・ファンズの形で投資する形態のものを言う。ＲＥＩＴ自体を組成するのは、前述のように国土交通省へ不動産投資顧問業の登録が必要だが、Ｊ-ＲＥＩＴを使ったファンドの組成は、金融庁へ投資運用業の登録を済ませた投信会社が行うことができる。

ＲＥＩＴ-ＥＴＦは複数のリートに分散投資して、リート市場を代表する指数への連動を目指す。これも金融庁へ登録した投資運用業の投信会社が設定運用している。例えば、東京証券取引所に上場している「ＮＥＸＴ　ＦＵＮＤＳ東証ＲＥＩＴ指数連動型上場投信（銘柄コード１３４３）」であれば、東京証券取引所に上場しているリート全てに分散投資を行い、市場全体の動向を表す指数である「東証ＲＥＩＴ指数」に連動した投資成果を目指している。要するに、ＲＥＩＴファンドはアクティブ運用、ＲＥＩＴ-ＥＴＦはパッシブ運用とも言える。

ＲＥＩＴは本当に安全な利回り商品なのか？

ＲＥＩＴに投資をしている人の話を聞くと、なぜか株式投資などに比べて安全な投資をしているつもりのように聞こえることが多い。それは、ＲＥＩＴが利回り商品と捉えられていて、債券などと近い性格のものと思われているからだろうが、本当にそうだろうか？

Ｊ-ＲＥＩＴは米国のＲＥＩＴと違って、インハウスでの運用ができず、運用は外部の運用会社に全て委託することになる。また、米国のＲＥＩＴはそれ自体で開発事業を営むことができるが、Ｊ-ＲＥＩＴではそれができず子会社という形で開発事業を行うため、どうしても親会社の影響や支配力が強くなることを否めない。事実、運用会社の社員のうち結構な割合が親会社からの出向であり、この立てつけは、銀行や証券会社の系列資産運用会社と変わらない。

そうなると、当然開発力は期待できないので、仕入れの段階で親会社に頼ることが必然的に多くなる。開発事業そのものは、ある意味では不動産事業が抱えるリスクではあるので、これが軽減されたことにはなるが、逆に、親会社の上場不動産会社などの出口戦略に使われることが多いとも言える。言い換えるなら、ババをつかまされる可能性が高いということだ。

例えば、金利上昇局面で不動産投融資の勢いが落ちると、当然、物件の新規供給が減ってくる。また、物件価格の上昇に賃料上昇が追いつかず、利回りが低い物件が親会社から供給されることにもなりかねない。Ｊ-ＲＥＩＴ誕生から目立った利上げ局面が日本にはまだないので、実態はどうなるか測りかねる。

一方でＲＥＩＴは実物資産が入っており、インフレに強いという説明を受けることも多いが、ＲＥＩＴはＲＥＩＴ自体で借り入れも行っており、インフレに伴う金利上昇は、当然その分の利払い費用負担が収益を圧迫することになる。実際、１９６０年から実績のある米国ＲＥＩＴで、１９８４年以降の6回の利上げ局面を調べると、5回は上昇している。その間、米国ＲＥＩＴが株価の騰落率を上回ったのは２００４年5月～２００６年6月の1回きりである。１９９９年5月～２０００年5月のそれでは逆にマイナスとなっている。

２００４年4月からの利上げ局面はなぜ起こったかと言えば、まさにリーマンショックへと至る住宅バブルの最中であり、この間の米国ＲＥＩＴの騰落率が大きくプラスであることは疑う余地もない。そう考えると、利上げ局面で株価とのパフォーマンスと比較をすると、圧倒的に株式のほうがパフォーマンスはいい。株価は基本的には景気拡大期に上昇するものであり、これからすると、米国ＲＥＩＴは金利上昇時に値上がりするのではなく、景気拡大期に上昇すると言っていい。つまり、景気拡大期でなければ、米国ＲＥＩＴの上昇は期待しづらく、この先、景気拡大という視点とは別に、超金融緩和からの正常化のための利上げ局面という前提を置くと、米国債とのスプレッドも薄くなっている米国

REITの上昇は望めず、安全な利回り商品という見方は難しくなる。

一方で、投資信託協会のWebサイトなどを見ると、J-REITは上場している「クローズドエンド型」なので、株式などのように流動性があると高らかに謳っている。しかし、これを鵜呑みにするのは危険と考える。

確かに通常時に自分だけが売り買いをするだけなら、よほど大口の機関投資家並のロットを動かしている人を除いて、1回の発注量には限度があろう。市場は吸収しうるものと思われる。

しかし、景気後退局面に陥り、NAV倍率（※REITが保有する物件等の資産から負債を差し引いたものをNAV（純資産価額といい、投資口価格を1口当たりのNAVで割ったものを「NAV倍率」という、株式のPBRと同等のもの）が極端に低くなることが起こった場合、つまりREITが保有する不動産

米国の利上げと米国REIT、米国株式、ドル円騰落率

利上げ期間	政策金利の引き上げ幅	米国REIT騰落率（%）	米国株式騰落率（%）	ドル円騰落率（%）
1984年2月～1984年8月	2.25%	1.87%	8.70%	3.61%
1986年11月～1987年9月	1.37%	4.99%	32.38%	-9.77%
1988年2月～1989年2月	3.25%	5.61%	11.89%	-0.76%
1994年1月～1995年2月	3.00%	0.49%	4.45%	-11.52%
1999年5月～2000年5月	1.75%	-1.17%	10.48%	-11.59%
2004年5月～2006年6月	4.25%	62.57%	17.75%	4.65%

出所：ブルームバーグ

の価値が著しく低下した場合、同じことがそのまま言えるのであろうか？　現値界隈での買い板（買い注文）がスカスカで、はるか安値まで売り叩いても、買い物が出てこないということは、この手のものにはよくあることだ。

また本来、不動産とは極端に流動性の低い投資物である。一度でも自宅の売買を経験したことがある人なら容易に理解できると思うが、不動産に同じものは二つとしてない。そのため、流通活発な米国の不動産市場を相手にしている「フィデリティ・ＵＳリート・ファンドＢ（為替ヘッジなし）」などでさえ、過去に何度も募集停止を繰り返してきた。募集停止とは買えるＲＥＩＴがないから起こることに違いなく、売却するとは反対の意味だと思われるかも知れないが、買うことに苦労するものは、売るのにも苦労するというのがものの道理だ。

一方、ＲＥＩＴの運用会社側で考えてみよう。ＲＥＩＴとして借り入れをして物件に投資をし、店子を入居させ、賃料と返済額の差額が利回りとなる訳だが、仮に借入金利だけが上昇し、賃料の改定が追いつかない、できない状況になったらどうなるであろうか。

そうした状況はマクロ的に起こるものなので、不動産の投資利回りが低下している状況と想定できる。不動産価格は通常投資利回りで決まると言われているので、そのような状態になれば、当然、不動産価格そのものが下がってきてしまう。右側の負債だけが大きく残り、左側の資産が縮めば、NAV倍率もどんどん低下してしまう。運用会社としては、なんとか中身の不動産を上手く売り抜けて借金を返済したいところだが、そこら中で同じような売り物件が出回っていたら、まともな値段での引き合いが現れるはずもない。

親会社からの出向者が多いと話したが、親会社に物件を引き取る義務はなく、ただただ資産価格の下落を見ているしかなく、不動産バブル崩壊時と同じ状況がREIT内で起こることになる。最終投資物が流動性が低いものである以上、これは避けて通れない道なのだが、REITならば流動性があるというのは、平時の上辺だけの状況と考えておいたほうが無難だ。

あえてここで言うのもはばかられるが、日本は少子高齢化の国。そして、先進国で先陣を切って人口減少をしていく国である。オフィス需要も、住宅需要も、長期投資と言われる10年先までずっと今のままであり続けると考えるのは、極めてリスクのある話だと思われる。

Ⅵ　AI投信、ビッグデータ、ロボアドバイザーというキーワードが生む誤解

ポイント

(A) 流行りものに飛びついたような商品が多いのが投信業界の一番悪い癖
(B) 現状のAI技術では、優秀なファンドマネージャーを上回る投資判断はできない
(C) どんな経歴、バックボーンの人がプログラムを開発しているかが重要。プログラムは開発者を超えない
(D) LTCM、アルゴリズム・ファンド、CTAなど、プログラムド・ファンドは最終的に行き詰まった

投資信託業界の悪い癖が、そのときの流行りもの、流行ワードを使ったファンドをすぐに企画し、どこかの運用会社が設定・運用を開始してしまうことだ。そこには販売会社からの強いリクエストがあるのはまぎれもない事実だが、結果としてその市場が未成熟だっ

たり、短命だったり、実際には夢物語だったりして、いい結果を残せないファンドがじり貧になって終わることが多い。

一つの面白い例を紹介しよう。1999年11月29日、ネットバブルがまさに最高潮へと向かっていく最中に設定されたファンドに、「netWIN ゴールドマン・サックス・インターネット戦略ファンド」というのがある。話題になったファンドなので、ご存知のかたも多いと思うが、当時まさに時機を得たファンド名として「netWIN」(ネット・ウィン)、つまり、〝ネットで勝つ〟という意味を彷彿とさせるネーミングで誕生したファンドである。

だが、実はこれ、本国米国での名前は別の名前であることは業界人にもあまり知られていない。元々の名前は「インターネット・トールキーパー」と言って、インターネットが投資のアイデア・ジェネレーションになっているのは事実なのだが、「netWIN」という単語が与える投資テーマとはやや違う、もっと大きなテーマを取り扱っているファンドなのだ。

ファンドの目論見書から引用すると、

(1)「主に米国を中心とした『インターネット・トールキーパー』企業の株式に投資す

ることで、信託財産の長期的な成長を目指します」

（2）「『インターネット・トールキーパー』企業とは、メディア、テレコミュニケーション、テクノロジー、インターネット関連セクターにおいて、インターネット企業やインターネット・ユーザーに対しアクセス、インフラ、コンテンツ、サービスを提供し、かつインターネット業界の成長により収益が上げられるとファンド・マネジャーが判断した企業とします」となっている。

いわゆるネット企業と呼ばれるものとはかなり違うことがわかるだろう。

「トールキーパー」（Tollkeeper）とは通行税徴収人という英語で、インターネットが普及すると、それを使って料金を稼ぐ企業がたくさん登場する。交通量（ネットのトラフィック）が増えれば増えるほど、その徴収される料金は増えていくので、そうしたビジネスモデルの会社に投資するという意味なのだが、この「トールキーパー」なる英語が日本人にはピンとこない。そこで、運用会社が販売会社に言われてつけた名前が「ネットで勝つ」という時流に乗った名前の「ｎｅｔＷＩＮ」だったそうだ。これは直接運用会社に確認し、また実際にこれを運用しているフロリダ州タンパにいる運用チームに直接確認をしたので、経緯も含めて真実である。

後日談として、当初「ｎｅｔＷＩＮ」というネーミングは大成功だったが、ネットバブル崩壊後に、無理に名前を変えなければよかったと悔やんだそうである。

こうした流行を追ったファンドは、過去にもさまざまな種類のものが存在した。「環境関連」や「人・ゲノム」関連、あるいは昨今流行りのＥＳＧ投資に近い「企業ＳＲＩ投資」などがそれである。そして、今最も旬なのがＡＩ、ビッグデータ、ロボット・アドバイザーなど、人工知能に関わるテーマであろう。今回のこのテーマで面白いのは、同じＡＩ投信と言っても、２つのタイプのＡＩ投信があることである。

それは、①ＡＩの伸長に伴い発展する企業に投資するというもの、②ＡＩを使って、活かして投資判断を行うファンド、という2種類があるということだ。前者は旬のテーマを扱うファンドとしては伝統的というかオーソドックスなものだが、投資判断自体に関わってくる後者のＡＩは、従来型とはちょっと異なる面白味を持ってはいる。

例えば、前者では「グローバルAIファンド」などがあり、目論見書から引用すると、「世界の上場株式の中から、ＡＩ（人工知能）の進化、応用により高い成長が期待される企業の株式に投資を行います」と記載されている。まさに、伝統的なテーマ型ファンドである。

後者の場合だと、「ＡＩ日本株式オープン（絶対収益追求型）」などと言うのは、目論見書に「ＡＩ等を活用した投資助言を基に運用を行います」と明確に謳っている。また、ＡＩ等を活用したモデルの開発を行う主体であることと、それが日本を代表する最先端の金融工学研究所であることも付記している。つまり、ＡＩに投資判断をさせようというのである。またヤフーの保有するビッグデータをＡＩ運用モデルで解析する「Ｙｊａｍプラス！（ワイジャムプラス）」というようなファンドも出てきている。

ここで１つ面白いのは、前者の「グローバルＡＩファンド」に戻って、その目論見書を繰ってみると、「ＡＩの一般的なイメージは『人のように話す』、『人のように考える』などがあげられます。しかし、第１次、第２次ＡＩブームにおけるＡＩは、人が情報をコンピュータに入力することで稼働しており、イメージとはかけ離れたものでした。第３次ＡＩブームでは、新たなＡＩ技術『ディープラーニング』により状況が大きく変わり始めています。ＡＩは自ら学習し判断するなど、機能を格段に高め、さまざまな分野でＡＩ技術の活用が期待されています」とあり、総務省の「ＡＩネットワーク化検討会議中間報告書（２０１６年）別紙」などから抜粋した、ＡＩの進化過程を説明する資料を差し込んでいる。

この2点の面白味というか、矛盾を感じる点は、伝統的なテーマ型ファンド・タイプのほうでは、今後活躍が期待できるAI関連企業への投資と謳い、現在よりも未来を見ているにもかかわらず、後者のAIファンドは、すでにAIを投資判断の助言プロセスに取り入れていると謳っている点である。はてさて、どちらが技術進歩の流れとして本当に正しい時間軸の中にあるのだろうか？

実は、筆者も元々この手の新技術系については深甚なる興味を常に抱いてきたタイプであるので、AIだの、ビッグデータだの、ロボット・アドバイザーといった世界には非常に興味を持っている。

それは自動運転などの未来にもつながる話と同一線上にあるものだからである。

確かにビッグデータの解析などは、人間が行うよりも、それこそコンピュータのほうが、24時間休むことなく文句も言わず、大量のデータを処理することができるので、そこは面白いかもしれない。

しかし、例えば、同じAIでも車の完全自動運転などの開発状況に目を転じると、それはまだまだ先の話であり、2040年にはシンギュラリティ（人工知能が人間の能力を超えること）が起こるという状況ではないと言われている。

もう少し調べてみると、現在のＡＩ技術のレベルだと、指摘した通りビッグデータからのディープラーニングという形式は取れるが、それは優秀なファンドマネージャーを上回る投資判断はできないということだ。なぜなら、優秀なファンドマネージャー自体が、そもそもこれらの開発に関わっていないので、彼らの多層ニューラルネットワークが何なのかなどの理論的な解明がされていないため、残念ながら、どんな経歴、バックボーンを持った人がプログラム開発をしているかというレベルを超えられないということのようだ。

最終的なＡＩの着地点は、自ら学び、自らプログラムを書き換え、自ら成長するようなコンピュータであるはずだが、残念ながら、現時点ではその段階まで達していない。現時点のＡＩは投資判断の中で、情報それぞれの重要性を判断することは、難しいといわれている。

また、ＡＩでは企業の大きなターンラウンドや新製品や新サービスで企業が大きく変化することを嗅ぎ取るといった作業は現時点ではまだ苦手だと言われている。これと同じことが言えるのが、自動車のＡＩを応用した自動運転で、いわゆる完全自動運転の世界に到達するには当分時間がかかり、まだある限られた制約条件の下でのみ、自動運転が可能という段階にまだあるそうだ。

もし、ＡＩが常に自ら学び、自らアップデートする段階まで来ていないのならば、現状ではかつてノーベル賞受賞者たちが立ち上げたヘッジファンド、ＬＴＣＭが結局は最後破綻したように、またはアルゴリズム・ファンドが基本的に順張りモデルの域を出ないように、はたまた、浮き沈みが激しいＣＴＡファンドのように、コンピュータにプログラムされたものの限界点はまだ超えてこないだろう。

ただ少なくとも、こうした旬な、ちょっと夢を感じられるようなテーマをファンドに織り込んだ商品は、マーケティング上は強みを発揮できるかもしれない。

第二章

投資信託の誤解（運用編）

I　アクティブ運用よりもパッシブ運用のほうがいいという誤解

ポイント

（A）ベンチマークの選択ミス、もしくはアクティブ運用の定義が間違い⬇販売しやすいように、ファンドの目的を美人投票型にした上で、市場インデックスをアウトパフォームするというのは、二兎を追っている状態。ベンチマークに勝つだけならば、不良品を外せばよい

（B）インデックス運用は時価総額が大きいものを組み入れることが多いが、市場から退場させるべき銘柄まで買ってしまう。①市場機能のマヒ、②投資効率が落ちる

（C）アクティブ運用のファンドのほうが、インデックス運用型より圧倒的に手数料が高い⬇販売会社手数料分を減らすなど商品改良の余地あり

（D）アクティブ運用という中で、個別銘柄の選別に注目しているファンドは多いが、アセット・アロケーションを大きく動かすというものはない、もしくは少ない

アクティブ運用とパッシブ運用、どっちが優れている？

近ごろ、アクティブ運用よりもインデックス・ファンドのようなパッシブ運用のほうが効率がよい、優れているというような喧しい議論をよく耳にするが、元アクティブ運用のファンドマネージャーだからという感情論とは別に、この議論は大きな誤解の下にもっともらしく語られていると思っている資産運用業界の人は多いだろう。

こうした議論が起こるのは、アクティブ運用のファンドマネージャーで長期的にベンチマークをアウトパフォームした例が少ないというデータによるものだと思うが、そもそもアクティブ運用とパッシブ運用の定義から確認し直さないと、議論はどんどん間違ったほうへと向かって行ってしまう。

長期投資という言葉が、期間の具体的な定義をしないままに、独り歩きしているのと全く同じ現象である。また、この議論をするためには、きっちりとベンチマークというものの議論もしないとならない。まずはベンチマークがあって、それに対してのアクティブ運用とパッシブ運用だからである。

また、別の切り口で言うのなら、いわゆる現代の金融経済学で説明されている効率的市場仮説ということについても触れておかなければならない。単純に直近の何年間かのサンプル・データだけを見て、アクティブ運用を切り捨てるのは乱暴に過ぎる。この面からの考え方をきちんと押さえていない金融関係者は、お客様の本当のニーズを把握し損ねるおそれがあり、結果としてトラブルになるような商品を買わせることになるからだ。

逆に言うと、投資家側もこの意味を理解していないと、自ら不本意な商品を買って、不満足な結果に終わり、もう資産運用なんてするものかという結果になりかねないのだ。

事実、2016年夏、ある運用機関が行った男女30~79歳までの12000人を対象としたアンケートによると、資産運用の経験が全くないという人の割合は4割にも満たない38%に過ぎない。つまり、6割以上の人が資産運用経験者なのだから、「貯蓄から資産運用へ」という動きが起きていないと言うには力不足な根拠だと思われる。

しかし、過去に資産運用の経験がありながらも、現在は止めてしまっているという人の割合が15%を超えるのは、市場動向による影響以上に、投資家個々人にとって、最適な、正しい商品が販売されていないということの裏返しのように思える。

なぜなら、「どちらとも言えない」を含めて、資産運用に「興味がない」という人はわずか45％に過ぎないからだ。この中で「興味がない」という人は19％、つまり2割以下しかいない。更に、資産運用を「現在していない」という53％のうち、約2／3に当たる全体の34％（53％-19％）の人は、資産運用に興味を持ちながらも動き出せていないか、過去に何かあって止めてしまった人たちである。

これは言葉の定義も何もちゃんとしないままに、単純に「アクティブ運用よりもパッシブ運用のほうが優れている」というワンフレーズを連呼してしまうメディアやえせ評論家による口害の影響だろうと考えている。まさに、資産運用に関するポピュリズムである。

ベンチマークという考え方導入の背景

そもそも日本の資産運用市場に「ベンチマーク」という考え方が導入され始めたのはいつからだろうか。１９９８年12月の銀行の投資信託窓販解禁時には、基本的にはほとんどのファンドにベンチマークなり、参考指標なりが設定されていたので、１９９０年代中ごろから後半というイメージだ。

事実、前述の「さくら日本株オープン」も「さくら株式アナライザー・オープン」も、設計当初からベンチマークは設定していない。銀行窓販の品揃えとして並べるために、ファンド・コンサルティング会社の指導などもあって、そのころに参考指標として無理矢理に日経平均株価指数の設定を承諾した記憶がある。

考えてもみてほしい。日本株を投資対象とした「さくら日本株オープン」ならばまだしも、「ファンド全体の30％までは外国株式を投資対象として組み入れします」と謳っているファンドにとって、どんなベンチマークが適切だというのだろうか？　念のため確認しておくと、アナライザーは外国株式を組み入れるか、組み入れないかのアセット・アロケーションの判断も含めて、ファンドマネージャーの投資判断として適時行われる。

日本株１００％の指数をベンチマークとするのも、日本株70％＋外国株30％の合成インデックスをベンチマークとするのも、どちらもその比率を固定してしまうのならば、本来の銘柄選択能力を検証することは不可能だからである。そこにはおわかりの通り、アセット・アロケーションの妙味が消されてしまっている。ファンドマネージャーとしては、特にそれを分けて評価してもらいたいという意図はなく、総体としてのパフォーマンスさえよければ、それでじゅうぶんなのだが、パフォーマンス評価をしなくてはならない側にとっては、頭が痛い存在だ。

なぜ、日本にもベンチマークという考え方が導入されたのか、筆者なりの見解を詳らかにすれば、それは金融機関に勤めるファンドマネージャーの人事評価のためであったのが主な理由だろうと考えている。

残念ながら、お客様のためを考えての発想からではまずない。90年代の半ばと言えば、89年12月の大納会に日経平均株価が、史上最高値の38915円87銭で大引けを迎えた後の崩落の後始末の時期だ。なにせ、ほとんど大きな抵抗を示さないままに、95年6月には日経平均株価は15000円割れまで下落した。

その下落のなか、80年代半ばごろから90年の初頭ごろまで（下がり始めてしばらく過ぎるまで）の数年間、いわゆる80年代大バブルを謳歌し、「凄腕ベスト・パフォーマー」とか、「神業ファンドマネージャー」などと呼ばれていた多くのファンドマネージャーが、世の中から掌を返したような仕打ちに遭い、それに堪え切れずに転職や退職、はたまた、出向元の金融機関のどこか閑職へと異動して行った。病気になったり、心身に異常を来したりした人も実際に目の当たりにしたものだ。

だが、その前任者がいたポジションへ、親会社の人事部と運用会社の人事部は連携して誰か後任を送り込み、その穴を補充しなければならない。しかし、それまでは人気商売だったファンドマネージャーも、バブル崩壊の中で前任者がどういう仕打ちを受けたかが広まるにつれ、誰もなりたくない、配属されたくないと敬遠される職種へと変わってしまった。

そこで、下げ相場の中でもファンドマネージャーの人事評価を正しく合理的に行うことを目的として、ベンチマークという概念が運用の世界に取り入れられたのが、自分の目で見てきた歴史の真実だと思う。

個人投資家には向かないベンチマークという考え方

市場の上昇時に「ベンチマークの上昇率10％に対して、私のファンドは15％も上昇しました」とファンドマネージャーが胸を張れば、どの投資家も大喜びで称賛するであろう。

しかし逆に、市場の下落時に「ベンチマークは15％下落していますが、私のファンドは10％の下落で済んでいます。つまり5％はアウトパフォームしています」と胸を張られても、「よくやってくれた」とほめてあげる個人投資家はどれくらいいるだろうか。どう言い訳をしようと、投資家の元本は1割棄損しているのだから、大損である。

投資家の本心は「この野郎！　金返せ」であるに違いない。

しかし一方で、ちょうどこのころは、世間で大手証券会社による損失補塡問題や飛ばしの問題が話題となり、それとあわせて「投資家の自己責任原則」という概念が流布され始めたころと合致する。その結果、損失補塡をするのも、損失補塡を受けるのも、また損失補塡を要求することさえも犯罪と見なされる時代に変わっていった。

このように下落して元本が棄損していても、ベンチマークを上回っていれば上手な運用で、それに文句を言うのは投資家サイドが運用をよく理解していない証拠であり、運用を依頼する資格がない、といったおかしな認識が一般に流布された。

そのため、日本の個人投資家は妙に潔い（腹切り同然）か、もう二度と資産運用などしないという方向になってしまった。本来の「自己責任の原則」とは、そうした考え方のものでは決してないはずである。医業で言えば、じゅうぶんな症状と治療方針の説明であるインフォームドコンセント、筆者もインストラクターをしているスキューバダイビングで言えば、オープン・ウォーター講習による技能認定などがあって、初めてお客様に自己責任原則を遡及できるというものだ。

2012年からの5年間、プライベートバンクの商品ソリューションチームのヘッドをしてみて実感したことは、そんな時代を経てもなお、やはり、個人投資家の本音は今でも絶対リターンのプラスの追及にあり、対ベンチマークの相対リターンの優劣ではないということである。

当たり前と言えば当たり前の話だ。ベンチマークを上回っていようが、市場の下落に合わせてファンドもマイナスならば、その損失は本心では許せないはずである。そのために信頼がおけそうな金融機関の看板と、専門家と呼ばれる人たちの集団にお金を預けているのだから。実はこれは至って当然の話だと、資産運用に携わる真っ当な人たちの間では考えられていて、事実、ロンドンの商品チームの外国人たちと話をしていても、「個人投資家はベンチマークの相対パフォーマンスのよし悪しでなく、絶対リターンを求めている」という見解ではいつも一致していた。これは欧米も一緒なのだ。

その一方、サラリーマンとしてのファンドマネージャーの人事評価は、運用成果がマイナスだから単純に駄目、罰点というようなつけ方では、ファンドマネージャーのなり手もいなくなれば、全く人も育たない状況になる。いかに下げ相場を上手くしのいだかなどということを、数値などで冷静に評価してあげないと、上げ相場時のファンドマネージャーと、下げ相場時のファンドマネージャーでの運不運の差が大き過ぎることになってしまう。

ただ考え方の導入時期と経緯の関係で、日本では下げ相場の中でのしのぎ方のほうが優先して、それこそがファンドマネージャーの腕の見せ所みたいな評価の仕方が、金融機関内での考え方として先に浸透していった。


余談になるが、この90年代にファンドマネージャーになった人たちの多くは、そうした背景もあり、下げ相場の中での立ち居振る舞いが実に上手い。ある意味「株なんて儲かるものではない」と達観して冷めていた。運用上においても、大量に保有する（前任者が買い込んだ株式）銘柄を、人よりも少しでも上値で売り逃げることには極めて長けていた。

しかし、相場というのは面白いもので、下げてばかりではなく、しばらくの間、上昇傾向が続くことがある。そういう場面では、人より高く売り逃げることはできても、買いから入って、その上げ相場の中で収益を積み上げていくのはとても苦手な人が多かった。

従って、当時景気浮揚策として何度も政府が実施した「総合経済対策」などが発表された後の一方的な棒上げ相場になったときは、その5合目ぐらいで早々に「これ以上の上昇は理に適ってない」と、相場自体を否定するような自己弁護を唱え始めることがよくあった。

「相場には神様が居て、神様はいつも正しくて、儲からないのは人間の知恵が浅いから」というのが古くからの市場の教えだ。市場の状況に合わせて上げでも下げでも、きちんと発想を切り替えて対応できる人だけが、90年代の荒波の中を生き残ったファンドマネージャーとなった。

年金の運用にはベンチマークが必要だった

またこの時期、多くの年金基金の管理機関が運用に参入したことも、このベンチマークという考え方が日本で当然のように語られる流れの源となった。

1997年12月に撤廃されるまで、年金資産の運用には安全性の高い資産が5割以上、株式が3割以下、外貨建て資産が3割以下、不動産等が2割以下という資産配分規制があった。これを5332規制（全部足すと10を超えるところが味噌である）と数字を取って呼ぶが、逆に言えば、そこまでは年金基金が自由裁量で各アセット・クラスを組み入れることができた。

1997年12月の5332規制撤廃後は、原則、各資産の組入比率は年金基金の裁量に全て任されるようになったのだが、それ以前もその後も、実際は多くが当時の公的年金の総元締めである年金福祉事業団、通称〝年福〟（現在のＧＰＩＦ：年金積立金管理運用独立行政法人）のアセット・アロケーションを参考にするか、右へならえだった。

おわかりの通り、各運用機関への委託者となる年金福祉事業団（現在のＧＰＩＦ）を含む年金基金は、年金資産全部を丸ごと一つの運用機関へ委託などしない。そこには厳しい審査（ＤＤ：デュー・デリジェンス）があり、ファンド・コンサルティング部門も併設する年金コンサルティング会社などが基金側に意見具申などをしながら年金運用の再委託先を決めている。そのため、頻繁に年金コンサルティング会社の審査を各運用機関は受けるのだが、この審査がよくも悪くも大義名分ばかりを振りかざして非常にうっとうしい、いや厳しい。

年金運用部門だけがそれに付き合ってくれていればいいのだが、前述の通り、ファンド・コンサルティング部門も併設していることがほとんどなので、当然のことながら、投資信託の運用部門も審査の対象となる。なぜなら、１つの運用会社で、運用哲学やリサーチの方法、トレーディングのルール、あるいはパフォーマンス管理の手法などが異なっているような矛盾はおかしいという理屈からだ。だから、運用会社の運用哲学や、組織図や運用ルールなどは、必然的に年金運用のそれに擦り合わされる羽目になっていった。

個人投資家の資金運用ニーズと、年金基金の資金運用ニーズは、その根本が異なるはずにもかかわらずである。その究極がこの相対評価を軸とするベンチマークの考え方の是非である。

通常年金基金は、各運用機関が得意とする運用アセット・クラスに資金を一定額振り分ける。債券運用が得意なところへは債券運用を、株式が得意なところへは株式運用をという具合だ。さらに、それぞれのアセット・クラスは複数の運用機関に分けて競わせるという念の入れようで、この分野としては極めて真っ当な運用再委託の方法を取っている。

結果、各運用機関は受託した資産を100%、つまりフル・インベストメントの状態にして、受託したアセット・クラスの投資収益向上に必死で切磋琢磨する。このとき、ライバルに勝とうとするのは当然のことながら、基金がそのアセット・クラスに定めたベンチマークを上回る運用を目指すことが至上命題となる。さらに付け加えると、相対リターンが勝てばいいということだけでなく、その勝ち方（リスクの取り方）なども、数値化されて検証される。もし運用成果が悪ければ、即座に運用会社の入れ替えになる。

一例としてGPIFが昨今取り入れたESG投資で言えば、表の指数が日本株のベンチ

GPIFの日本株ESG投資のベンチマーク

種別	指数名
総合型	FTSE Blossom Japan Index
総合型	MSCI ジャパン ESG セレクト・リーダーズ指数
テーマ型・社会（S）	MSCI 日本株女性活躍指数（愛称は WIN）

マークとなり、各受託運用機関は、この指数を最適な方法でアウトパフォームし、競合他社にも勝ち、なおかつ厳しい年金コンサルティング会社の頻繁な審査にも、その定性分析にも応えていかないとならない。強烈なサバイバル競争が繰り広げられる。

その代わり、勝てばＧＰＩＦの年金運用を受託しているというお墨付きをもらえるという訳だ。まさに勝てば官軍である。

おわかりいただけただろうか、これがベンチマークが日本に導入された基本的な流れであり、業界の周辺も含めて蔓延している一般的な考え方の素である。ここまでをまとめると大まかに次の4点となる。

①　ベンチマークはファンドマネージャーのパフォーマンス評価を相場状況に関わりなく、公平に行うために導入された。

②　その発想の根源は年金運用など、原則フル・インベストメントを前提としているファンドのためであり、ベンチマークに対する相対評価により優劣が判断される。

③相対評価は絶対収益の差がベンチマークを大きく上回っていればいいという単純なものではなく、いかなるリスクをどう取った上でのリターンか、などが評価される。

④ベンチマークがある運用においては、アセット・アロケーション効果によるパフォーマンス差異は、ファンドマネージャーに原則帰属せず、個別銘柄選別のみが対象となる。

⑤ベンチマークはあらかじめ所与のものであり、運用スキームや投資手法によって後付けされるものではない。

投資信託のベンチマークは後づけで決定する

一方、販売する金融機関からよほど強い要請を受けた場合を除き、ほとんどの投資信託のベンチマークは、商品の基本アイデアが固まった後、後付けで決定される。例外なのはインデックス運用のパッシブ型運用の場合で、例えば、ＥＳＧ投資用のインデックスをベンチマークとした投資信託の開発要請は、すでにどこかの運用会社に届いているか、運用会社のほうからそうした提案をしているかである。このような場合は、先にベンチマークが決まっている。

それ以外のケースの場合、つまり、通常のアクティブ型と呼ばれる投資信託の場合、運用のテーマやスキームが決まってから、後付けで「ＴＯＰＩＸをベンチマークとして大丈夫ですね」などと商品開発サイドが運用部門へ確認を入れて、運用部門は渋々「はい、それで何とかなるようにします」と承諾するのが通常の流れである。

なかにはもちろん例外もあって、当時30代半ばの血気盛んなファンドマネージャーだった筆者のように、「冗談じゃありません、元々ベンチマークなんて設定していないし、基本的にアセット・アロケーションも含めて絶対リターンをプラスにすることを考えているファンドなので、ベンチマークなど設定できません」と突っぱねる例もあるとは思うが、それでも気が付くといつの間にかそのファンドにも、販売用資料などには「参考指標：日経平均株価指数」と書かれてしまっている。

例えば、それがどういうことかということを、１つの実例を使って説明してみる。

昨今のＥＳＧ投資やＳＲＩ投資などのブームが来る前の、かつての投信業界では、環境問題やＥＣＯをテーマとして取り扱ったファンドが設定されたことがあった。その１つに１９９９年8月20日に設定された、「日興エコファンド」という現在純資産残高が約

101億円（2017年10月9日現在）のファンドがある。同ファンドの目論見書を見るとファンドの目的・特色の頁に

① これからは環境への取組みが企業価値（株価）を左右する時代です
② 日本の環境関連優良企業（エコ・エクセレントカンパニー）の中から、成長が期待できる企業の株式を中心に投資します
● 環境問題への対応が優れている企業
● 環境ビジネスにおける優良企業

当ファンドでは、このような環境関連優良企業（エコ・エクセレントカンパニー）の中から成長が期待できる企業の株式を中心に投資し、中長期観点からTOPIX（東証株価指数）の動きを上回る投資成果の獲得を目指します。

③ 株式組入比率は原則として高位を維持します
④ 企業の環境対応度に関しては、日本でエコ調査の先駆者である「グッドバンカー社」が調査・分析を行います

との記載がある。また、別のページには銘柄のスクリーニング・イメージ図があり、グ

ッドバンカー社のエコロジカル・スクリーニングと呼ぶ手法により、日興アセットが調査対象のユニバースとしている500銘柄程度の中から200銘柄程度に絞り込み、最終的に100銘柄程度のポートフォリオを組成することが図解で示してある。

1999年当時、こうした環境をテーマとしたファンドはずいぶんと流行ったものだが、ご覧いただける通り、①運用目的に環境関連優良企業（エコ・エクセレントカンパニー）に投資をするということと同時に、②組入比率は高位を維持したまま、ベンチマークとするTOPIXを上回るように運用しますと、二兎を追うことを高らかに謳ってしまっている。

東証株価指数TOPIXというのは、時価総額加重平均の株価指数で、その動きは時価総額の大きな銘柄に左右される。そのため、TOPIX型のインデックス・ファンドを組成する場合は、東証一部の全銘柄から時価総額順に並べた上の銘柄から層化抽出法と呼ばれる方法で銘柄選択をして連動性を保つようにする。当然、大型の時価総額上位の銘柄が多く選択される。そうしなければTOPIXに連動するタイプのファンドは作れない。

さて「日興エコファンド」であるが、①投資対象は環境関連優良企業（エコ・エクセレン

「日興エコファンド」上位組入10銘柄（2017年9月29日付）

	銘柄	業種	比率	TOPIX内順位
1	トヨタ自動車	輸送用機器	5.42%	1位
2	日本電信電話	情報・通信業	3.55%	2位
3	三井住友フィナンシャルグループ	銀行業	3.44%	11位
4	東日本旅客鉄道	陸運業	2.77%	28位
5	ダイキン工業	機械	2.64%	34位
6	キリンホールディングス	食料品	2.63%	55位
7	小松製作所	機械	2.62%	38位
8	三菱電機	電気機器	2.57%	30位
9	大和ハウス工業	建設業	2.53%	50位
10	東レ	繊維製品	2.41%	72位
	上位10銘柄合計		30.58%	

（データは2017年9月29日現在）

トカンパニー）という縛りの中で、②組入比率を高位に保ち続けたまま、ベンチマーク・インデックスであるＴＯＰＩＸをも上回る運用をするというのは、かなりご苦労なことだと元ファンドマネージャーである筆者は思ってしまう。では、直近の運用レポートを見てみることにしよう。

上の表が同社提供の２０１７年9月29日付マンスリーレポートにある上位組入10銘柄である。この段階での組入比率は98・１％、全銘柄数85銘柄とほぼフル・インベストメント状態である。

現在、東証一部の全銘柄数は２０３２銘柄ある。マザーズ、ＪＡＳＤＡＱなどの上場会社数は全体で３５６９銘柄にも及ぶ（２０１７年10

月5日現在)。投資対象として「わが国の株式の中でも環境問題への対応が優れた企業……」とは、目論見書上に記載があるが、どこにも東証一部に限定しているとは記載されていない。

従って、エコ・エクセレントカンパニーは、本来この3569銘柄の中から選定しないとならないが、それにもかかわらず、本ファンドは組入上位10銘柄の合計だけでその比率は30・58%にもなり、表の最右列にあるように、そのどれもが東証一部上場銘柄の時価総額上位の銘柄という歪みが発生している。

これら上位の銘柄が、真に日本の「エコ・エクセレントカンパニー」の優秀度合いを示しているのならば、筆者が文句をいう筋合いは何もないのだが、本当にそう思えるだろうか。

この歪んだ結果こそが、ファンドの投資テーマと後付けのベンチマークの関係、さらに言えば、ベンチマーク設定が与えるファンド運用への悪影響と言うことができる。運用報告書で確認できるファンドの基準価額の騰落率を示すチャートは、よくも悪くもベンチマークであるTOPIXにベタっとくっついている。これがこのファンドの投資家がエコ・エクセレントカンパニーに投資することで求めた本当の投資成果なのだろうか？　まさに二兎を追うものは何とやらそのものに思えてならない。

蛇足ではあるが、モーニングスター社などが付与するファンドカテゴリーも後付けでファンド・コンサルティング会社がつけている。前述の「さくら日本株オープン」と「さくら株式アナライザー・オープン」が、ともに「国内大型ブレンド」という同じ分類に入っていることに違和感はないだろうか？　日本株のみが投資対象ながら、アセット・アロケーションを機動的に行うことを目的としている前者のファンドと、現在は外国株式が組み入れられてはいないとしても、30％までの外国株式の組み入れをファンドマネージャーの判断ですることを想定している後者のファンドが、同じカテゴリー分類であることはまず本来的には有り得ないことだと思う。

問題は個人投資家主体の投信と、年金基金のニーズの違い

問題は、とにかく預貯金にしておくより少しはましなリターンがほしいと考えている個人投資家と、アセット・アロケーションなどは別途で行い、単純に各アセット・クラス毎の運用収益競争を、指針を明示して、運用会社に競わせている年金基金という、2つの投資目的が全く異なる投資主体の運用を、ベンチマーク設定という共通の土俵に持ち込んで

いることにある。

確かに、ベンチマークがあれば、運用機関側はファンドマネージャーの人事評価は楽であろうし、年金基金に言い訳するときにもベンチマークは使いやすい。

しかし、「市場も下がっていますから、ファンドの運用も上手く行かず…」という弁明に対して、「お金を取ったプロが運用しているのに、この結果はないんじゃないか？」という個人投資家の本当の気持ちは、ベンチマークを是と思っている限り、またはそのベンチマークに預貯金金利でも導入しない限り、響かない。

投資の世界での投資信託の運用のベキ論と年金運用におけるベンチマークの議論は、まるで2つの違う宗教間の論争、お互いが教義の正統性を議論しているようなものになってしまう。それゆえに、アクティブ運用か、パッシブ運用かという前に、実は議論しないとならないのは、投資信託にはどんなベンチマークが適しているかという議論である。そこがじゅうぶんなされる前に、ファンド運用がスタートしているので、前述の「日興エコファンド」のように、TOPIX型インデックス・ファンドなのか、「エコ・エクセレントカンパニー」への投資によって投資収益を上げようとしているファンドなのか、よくわからない中途半端なファンドが山のようにでき上がってしまっているのが現状だと思う。少なくとも、このファンドのベンチマークにTOPIXは不向きであろう。

アクティブ運用とは一体どういうものなのか？

アクティブ運用とパッシブ運用という表現も、筆者の記憶の限りにおいては、日本の現場ではあるときから突然言われ始めた単語で、そもそもは「インデックス・ファンド」か否かという理解をしていたと思う。

アクティブ運用を「積極型運用」と翻訳している場合が多々あるが、これはパッシブ運用と対を成す言葉なので、その意味では正しい翻訳とは言えない。この場合のパッシブ：PASSIVEとは「受動的」ということであるから、本来、対を成す単語はアクティブ：ACTIVE「能動的」である。では、受動的運用、能動的運用とは何に対してどういう意味かと言えば、すなわち基準となるベンチマークに対して受動的に運用するか、能動的に運用するかということである。

つまり、ベンチマークに対して、その採用銘柄や比率を揃えて受け身的に同じような運用を試みようというのが受動的運用、すなわちパッシブ運用である。

一方、ベンチマークに対して、能動的にその銘柄を類似銘柄に入れ替えたり、比率を変えたりして能動的に歪めることを試みて運用しようというのがアクティブ運用ということだ。

つまり、最初にベンチマークありきで、それに沿うか、沿わないかというのがこの2種類の運用の違いの本質である。ベンチマークに沿って運用すれば、それはインデックス・ファンドであり、沿わなければ、ベンチマークと違った動きをするので、いいときもあれば、悪いときもあるという、ただそれだけの違いである。

アクティブ運用の発想の起源

市場全体の動きの強弱を示すという意味で、ベンチマークとなる各インデックスは存在する。日本人に親しまれているのは、日経平均株価指数であるが、ベンチマークとして使われることが多いのは、なぜかＴＯＰＩＸのほうである。

それは2つの計算方法の違いから、日経平均株価指数よりもＴＯＰＩＸのほうが市場の強弱感を示すのにより正しいイメージを伝えるからということである。ちなみに、前者は単純平均型と言われて、日経平均採用225銘柄を50円額面に換算して総合計を出し、歴史的なこの指数の連続性を保たせるためのマジックナンバーである日経平均除数で割って得る。こちらは値嵩株の値動きが、その計算方式がゆえにより影響があり、恣意的に動か

東証一部時価総額ランキング上位10銘柄（2017年10月6日現在）

証券コード	銘柄名	時価総額（円）
7203	トヨタ自動車	22,478,789,722,388
9432	日本電信電話	10,846,744,987,780
8306	三菱UFJフィナンシャルグループ	10,307,550,227,216
9984	ソフトバンクグループ	10,096,357,528,145
9437	NTTドコモ	9,990,680,406,000
9433	KDDI	7,730,594,012,700
2914	JT	7,380,000,000,000
6861	キーエンス	7,222,052,176,380
7182	ゆうちょ銀行	6,277,500,000,000
7974	任天堂	6,186,685,230,000

しやすいと言われている。

一方、ＴＯＰＩＸは時価総額加重平均になっているので、時価総額が大きい銘柄ほど指数への影響度合いが多いことから、小さな注文ではいちいち値ぐらいを変えない、言い換えれば恣意的には動かし難い安定した指数と考えられている。

ただ結果としては、ご承知の通り、どちらも似たような動き方をするし、個人の会話の中では「日経平均２００００円に乗ったね」とは言っても、「ＴＯＰＩＸが１７００に乗りそうだね」とはあまり言わない、実は、その程度の違いしかない。ただ、年金などの機関投資家の運用の世界では、なぜかＴＯＰＩＸがベンチマークとされ、一方で年金基金への運用報告の会話の中では、日経平均株価指数で説明したりする。

右記表に２０１７年10月６日現在の東証一部時価総額ランキング上位の10銘柄を抜き出してみた。

当然、この下に延々とあと２０２２銘柄が列をなすのだが、インデックス・ファンドを作る場合、その全部を組み入れることは、よほど大きなファンドやＥＴＦなどでない限りはしない。通常は１００～３００銘柄程度で組成される場合がほとんどだと思うが、大体連動しているということであれば１００銘柄もあればじゅうぶんにＴＯＰＩＸをトラックすることができる。

その際に使われる銘柄選別方法が、層化抽出法と呼ばれるもので、例えば、上位50銘柄を時価総額ウェイトがインデックスと等しくなるように買い、残り50銘柄を等間隔でピックアップするなどの方法を取る。時価総額加重平均の指数の場合、上位銘柄で大抵の動きは再現できるので、テールリスクを排除するために、残りの銘柄を等間隔でピックアップしたりという技術を使う。

ベンチマークに勝つ方法は簡単

運用方針、運用目的、運用スキーム、運用ポリシーなどなどに沿った、最適なベンチマークさえ選んで運用を始めれば、もしその一兎しか追わなければ、ベンチマークをアウトパフォームすること自体はそんなに難しいことではない。継続してベンチマークをアウトパフォームすることができないというのは、ベンチマークの設定が間違っているか、運用の技量（要するに下手）がないなど、根本的なところが理由で、ことさらにそれを難しいと騒ぎ立てている人は、きっと自分の運用もしくは運用に対する知識そのものが稚拙な頭でっかちになっていることに気が付いていないだけではないかと思う。

大変失礼なことを申し上げるかも知れないが、ファンドマネージャーとして最低限のノウハウを体得するには、少なくても10年間はかかる。ひと回り3年とも言われる相場の周期で、最低でも3周期ぐらいの相場の中でもがき苦しんでみないことには、本当の自分の運用のスタイル自体も見つからないであろう。ということは、単純に考えて20代で就職して30代半ばでファンドマネージャーを卒業したような人は、能書きは多くても実技は伴っていない場合が多いということだ。この辺りは後に議論したいと思う。

さて簡単にベンチマークに勝つ方法を考えるために、もう一度、前掲の表を見ていただきたい。4位から6位までは、お馴染みの携帯電話のキャリアが並んでいる。TOPIX

型インデックス・ファンドを組成するのであれば、上位銘柄であるので迷わず3銘柄揃って購入するところだ。さもないと、インデックスとの連動性に大きな差異が生じてしまう可能性が出てしまう。

逆に言えば、このあたりの上位銘柄を持つか持たないかで、インデックスとの連動性は大きく変わるということが言える。これが1つめのヒント。

仮に、ありえない想定ではあるが、もし孫さんがアップルのティム・クックCEOと喧嘩してしまい、Apple側が怒って「金輪際ソフトバンクにはiPhoneは供給しない」と報道されたらどうなるであろう。今のご時勢であれば、間違いなくソフトバンクの株は携帯電話3社の中で抜きんでて急落すると思われる。インデックス・ファンドならば、そんな事態に遭遇したとしても、ソフトバンク株を手放すわけにはいかない。すなわち、ソフトバンクの下落をファンドで一緒に享受しないとインデックスとの連動性は保てない。

しかし、もしその発表と同時にファンドからソフトバンクを外すことができ、あるいは端から持っていなかったら、そのマイナスの影響は一切ファンドの足を引っ張らないので、TOPIXの下落の何％かは回避することができる。その後、事態を重く見た孫さんがアップルに詫びを入れて、従来通りの取引になると発表されたら、株価は元の位置までとは言わずとも、かなり戻すであろう。

その段階で再び、ソフトバンクを買い戻すか新規に投資をすれば、その先はＴＯＰＩＸに対して連動する動きに戻るので、その下げを回避したぶんだけは、間違いなくファンドはＴＯＰＩＸをアウトパフォームすることができる。すなわち、ベンチマークに勝ったということになる。


直近で東証一部時価総額ランキング上位にいながら、不祥事等で値が消えていった銘柄がいくつかあることはご承知の通りだ。

東芝しかり、シャープしかりである。もし事実認識の早い段階でこれらの銘柄を外していれば、ファンドはもちろんベンチマークであるＴＯＰＩＸをアウトパフォームしていたことであろう。

「いや、時価総額加重平均のインデックスに対して、層化抽出法を使った場合、ひと銘柄程度外しても、無意味では？」ということを言う人もいると思うが、それは入れ替えと同時にリバランスをしてしまった場合はそうかもしれない。その段階であらためて安定的な連動性を得ようと選択するのだから。

しかし、ここで言っているのは、単純に「外す」ということである。代わり資金はしばらく現金にしておく。少なくともキャッシュポジションが上がったぶんだけは、下げに対して勝つことができる。

二兎を追うものは一兎をも得ず

アクティブ運用がパッシブ運用に勝てないという間違った認識が生まれたのは、前述した「日興エコファンド」のように、ほとんどの日本のアクティブ運用ファンドと呼ばれるものが、そのファンド固有の「テーマ」と「ＴＯＰＩＸに勝つ」という二兎を追うからである。

ＴＯＰＩＸに勝つだけならば、前記のような方法を取れば、まず間違いなく勝てるファンドを作ることができる。時価総額上位１００銘柄をじっと見ながら、過去10年位を振り返れば、ほとんどどの銘柄も、ネガティブ・ニュース・フローに追われたことがある。そのときだけ、ファンドからそれらを外すだけで、ベンチマークに勝つこと自体は、極めて容易な話である。

にもかかわらず、なぜ多くのアクティブ運用がＴＯＰＩＸに勝てないと言われるかと言えば、余計なテーマを背負って二兎を追う運用をするからである。

簡単に説明すると、エコだの、ロボットだの、女性目線だのと言ったテーマが付いたりしてしまうと、まずそれに適う銘柄探し、いわゆる「美人投票」から入ってお気に入り銘柄をそろえてファンドを組んでしまう。この美人投票をしてしまった後で「売る」という判断をするのが、実は一番難しいことなのだ。

よほどの天邪鬼でない限り、人間の頭脳は美人投票型であり、ポジティブ評価型である。マーケット・ニュートラル戦略のヘッジファンドがなぜ、ロング・バイアスに傾きやすいかと言えば、美人を探すことはできても、そうでない人を特定して三下り半を突き付けることが難しいからだ。結婚と同じで、ポジティブ・ピックアップ型である限りは、他の第三者と意見の相違が起きやすい。だから、自分がよいと思って買っている銘柄でも、業績が悪くなると思って売る人が出てくる訳だ。インデックスをアウトパフォームすることだけなら、決して難しいことではない。つまり、アクティブ運用よりパッシブ運用のほうが優れているということはない。

効率的市場仮説は本当か？

ここでアカデミックな話を1つしておきたい。

金融経済学の中で語られる「効率的市場仮説」（Efficient-market hypothesis）というものがある。そもそも、金融経済学というのは、仮定や前提条件が多過ぎる難点があるが、勉強する理論としては非常に面白い。あまり実務的でない面が多いというのも確かだが、アクティブ運用、パッシブ運用という話は、もとをただせばこの金融経済学の中の現代投資理論から出てきている。その中で語られている「効率的市場仮説」とは、「現時点での株式市場には、利用可能なすべての新たな情報が直ちに織り込まれており、超過リターン（投資家が取るリスクに見合うリターンを超すリターン）を得ることはできず、株価の予測は不可能である」という仮説である。

この仮説に基づいて全ての投資理論が構築されていて、特定の手法によって儲かるような機会が長く放置されることはなく、価格変動の予測が困難である以上、たとえ専門的な知識や技術をもつファンドマネージャーが銘柄を独自選別するアクティブ運用型のファンドであっても、市場平均に勝つのは難しいと謳っている。おそらく、この辺りの考え方を援用しているのが昨今のアクティブ運用に対する批判の源と思われるが、この背景にある考え方の1つに、「投資家は常に合理的で、感情や心理状況にさらされることなく、常に合理的な判断を下すので、常に価格は速やかに均衡状態に落ち着く」というものがある。

しかし一方、マーコビッツ以来の現代投資理論に対して、最近隆盛となっている行動経済学の世界では、「投資家は必ずしも合理的ではなく、感情や心理状況に左右されるため、バブルの発生のように誤ったコンセンサスの均衡状態が続くことで、企業業績などファンダメンタルズからの大幅乖離も一定期間続く可能性がある」と反論し、昨今はこちらの立場からの反証が主流になりつつある。事実、筆者がプライベートバンクの商品ソリューション・チームのヘッドをしていたバークレイズの投資モデルでは、これら人間の心理分析を投資理論に織り込んだ行動経済学を用いたモデルを開発し、活用していた。また、そのどちらの立場にお客様の志向がより強いかを判断するツールなどもあり、これに基づいて「アクティブ運用」をセールスするときもあれば、「パッシブ運用」をお勧めすることもあった。

小難しい話をしなくても、前述の例示であるソフトバンクのケース1つを取って考えてもらっても、おそらく、現代投資理論の中の効率的市場仮説には無理があると考える人は少なからずいると思う。すなわち、この例で言う「孫さんとティム・クックCEOが喧嘩して仲違いした」という事実が市場参加者に瞬く間に広まり、それが今後どんな影響となって株価に反映するかという情報も、株価に瞬く間に織り込まれるかどうか、それらについて、投資家も冷静に合理的な投資行動を即座に取れるか否かということである。

筆者はやはり元アクティブ運用のファンドマネージャーだったからかもしれないが、少なくとも、ただちに価格に織り込まれることはなく、ニュースの発生から少なくとも一両日は完全均衡までには時間が掛かると考える側にいる。すなわち、勝機を人より先に掴む時間はじゅうぶんにあるということだ。

アルファの存在の可否

もう少し、アカデミックな話にお付き合いいただきたい。

筆者がセミナーなどでよく使う、こうしたアクティブ運用かパッシブ運用かという問題を、理論的かつ合理的に説明しやすいものに、CAPM（Capital Asset Pricing Model）理論、日本語では「資本資産評価モデル」と呼ばれているものがある。その一番簡単な理論式が次のものとなる。

$Ri = \alpha i + \beta i \cdot Rm + \varepsilon i$

この式が意味するところは、個別銘柄・i株式のリターンは・i株式固有のリターン（αi：アルファアイ）と、市場リターン（Rm：アールエム）に対する・i株式固有の連動率（βi：ベータアイ）との積数によって得られる部分（βi・Rm：ベータアイ×アールエム）とに分類することができる。（（εi：イプシロンアイ）は数学的な誤差項である）

そして、・i株式などの複数銘柄で構成されるポートフォリオpのリターン（Rp：アールピー）は、これらの合計値である次の式で表すことができる。

$Rp = \alpha p + \beta p \cdot Rm + \varepsilon p$

感覚的にも、今までの話からこの式の意味はぼんやりおわかりになると思うが、この固有のリターンと呼ばれるアルファ（α）の部分の存在を認めるか認めないかが、アクティブ運用とパッシブ運用のどちらがその投資家に適しているか判断の分かれ目になる。
すなわち、効率的市場仮説が存在する世界では「現時点での株式市場には利用可能なすべての新たな情報が直ちに織り込まれている」という立場を取るので、各株式のリターンは市場全体のリターンで説明できることになり、個別のアルファ（α）を超過リターンとして追及することは不可能ということになる。しかし、実際には情報伝達のスピードには違いがあり、人間には欲得があって決断するにも早い遅いがあり、利益と損失の精神的インパクトは標準偏差のようにプラスもマイナスも絶対値が一緒ならば効用は一緒ということはないなど、色々な要因により効率的市場仮説というのは成り立たない、すなわち、アルファ（α）と呼ばれる部分は現に存在し、それを取りに行く方法はあると筆者は考えている。

実は、この考え方に同意される人もいれば、同意されない人もいるということが、経験上明らかになっている。すなわち、このアルファ（α）は取りに行けると思っている考え方と、取りに行くことはできないという考え方がどちらも、実際にお客様の中にも存在するということだ。

また、それが合理的に考えて、その結果にたどり着いている場合と、過去の取引経験上でその結論にたどり着いている場合と二種類がある。いずれにしても、そのどちらの考えが根っこにあるかを知らずにお客様に金融商品を提案すると、思わずラッキーなこともあれば、手酷い目に遭うこともある。

投資家も自分自身がどちらの考えなのかをきちんと把握しておく必要がある。アルファがあると思っているのにパッシブ運用のインデックス・ファンドやETFを購入してしまえば、あとにもっと上手く稼ぐ方法があったのではないかと悔やむかもしれないし、逆に、アルファはないと思っているのに、アクティブ運用のファンドを買ってしまい、やっぱりこのファンドマネージャーは下手くそだったと思うかもしれない。この点の自己分析は、資産運用に取り組む上で、非常に重要なポイントであると心得ておいてほしい。

運用手法として見た場合のアクティブ運用とパッシブ運用

さて、運用手法として考えたとき、本当はどちらが優れているのだろうか。

実はどちらにも一長一短あり、単純に優れているか否かという分類は行い難い。ただ、いくつかの点でアクティブ運用とパッシブ運用には大きな違いがあり、それは投資家自身がどちらがよいかを判断すべきものなのかもしれない。

例えば、アクティブ運用の場合は、リサーチに非常にお金がかかる。直接ファンドが負担する費用ではないが、リサーチは機械に簡単に置き換えられるものではない。

昨今では、ロボットだ、ＡＩだという話もあるが、その元をプログラムするのは、現在は現実にはやはり人間が行っている。だから、リサーチには、優秀な人材の確保という意味で、人件費も含めてかなりお金がかかる。

資産運用先進国の欧州では、「Ｍ・ｉＦＩＤ Ⅱ」と言ってリサーチ費用をより明確化しようという動きが起こっていて、これはいずれ日本にも導入される考え方かもしれない。これは現在、発注手数料などに込々になっている証券会社のアナリスト利用に関わるリサーチ関連費用を、発注手数料とは別々に明記しようという動きである。投資家保護の観点から、こうしたことを話題にしなければならないほど、これは実に大きな問題となっている。

しかし一方、日本では年金コンサルティング会社などが、運用会社の発注体制や発注手数料などの管理体制などを厳しく追及している。それにならって、年金基金も発注先に関わる発注手数料の引き下げ要請を、運用会社を通じて証券会社にすることを強く推し進めてきた。その結果、すでに機関投資家の発注手数料自体は極端に安くなったため、多くの証券会社でリサーチ部門を抱え切れなくなり、外資系の多くが日本株の営業そのものから撤退していったことはご存知のかたも多いだろう。

この結果として、運用会社内のインハウス・リサーチ部門が拡大する傾向にはあるが、収益上の問題から必ずしも全ての運用会社がじゅうぶんな体制を築けている訳ではない。

また、アクティブ運用は、あらかじめファンドマネージャーの運用が「上手いのか、下手なのか」がわかりにくいという問題点を抱えている。トラック・レコードなどについての問題点はすでに述べたが、この点は非常にわかりにくいのは事実である。

一方、パッシブ運用ならリサーチ費用はかからず、また特別に優秀なファンドマネージャーも必要とはしないので、運用コストは安くすることができる。

しかし、平たく言うと「全体を買う」運用方法がパッシブ運用なので、味噌も滓も一緒くたにポートフォリオに入れることになる。味噌は値上がりするが、もう一方は値下がりする可能性が極めて高い。

本来、市場はその自己浄化機能により、業績不芳な銘柄に対して「売り」という行動によって「NO」、もしくは「退場」を宣告する機能を有している。「倒産株価」などという表現があるのも、市場のこの機能を評価してのものである。株主の議決権行使なども、本来、その内容に賛成できないのであれば、反対票を投じて企業に改心を促すより、株そのものを売却してしまえば手っ取り早い。

しかし、昨今ではパッシブ運用で抱え込んでいる銘柄が多いこともあり、個別議題に対していちいち賛否を開示するなどの面倒な作業が発生している。これは結構手間暇のかかる作業だと最近の現場から聞いている。言うなれば、パッシブ運用が増えれば増えるほど、ゾンビ企業が増殖し、貴重な投資資金がゾンビ企業にまわることにより、死に金となって投資効率を落とすことになるというデメリットがある。

Ⅱ　投資信託はプロが運用するという誤解

ポイント

(A) 運用会社の社員なら誰でも登録できる、ファンドマネージャーという職業
(B) 証券アナリスト協会の検定会員試験に落ちる現役ファンドマネージャー
(C) 資格要件も最低要求水準の明示もない
(D) 多くが単なる総合職で給料は一緒、転勤もない。信賞必罰のプロ職は少ない
(E) 社長は出世の最高峰にならない

投資信託はプロが運用する？

投資信託のファンドマネージャーをしていると、頻繁に証券会社の人たちや投資家の皆さんの前に出て、運用状況の報告をする機会がある。市場動向が順調で、ファンドの運用成績も調子がいいときは足取りも軽く、ドヤ顔の一つも浮かべることができるが、市場が

アゲンストに動いていて、ファンドのパフォーマンスも上がっていないときは、会場に入って舞台に上がる前に、足がすくんで動けなくなるときがある。筆者の心臓には毛が生えているぐらいに思われているかたも多いかもしれないが、「おあずかりしている大切なご資金を減らしているのは私です」と報告に行くのは、ギロチン台に向かうマリー・アントワネットの最期の時のような気分である。でも、それもファンドマネージャーの務めと思って、必死に堪えて頑張ってきた。

そうしたなか、実際にもう少しで折れそうな心をポキリと折る決めゼリフは、お客様からの「安心してプロにお任せしたと思っていたのに、どうして基準価額が下がっているんですか？」という辛辣な質問だ。この質問にはひたすらお詫びするしか方法がない。

精一杯のリサーチをして、全身全霊で正しいと思う投資判断をした結果、市場の動きを見誤ったのだから、事情説明はいくらできても、全て言い訳にしかならない。

「お前、下手こいたんだろ？」と言われれば、返す言葉がないからだ。だから、ただひたすらお詫びして、〝必ず〟（とは言ってはいけないが）取り返すように頑張りますとの決意表明をするしかない。

ただ、一ついつもここで引っかかっていたのは、「プロに任せた」のプロという単語である。筆者は現役のファンドマネージャー時代を通じて、自らをプロと言ったことはただの一度もない。「職人」とか、「職人気質」という表現はよく使ったが、自らを「プロ」と自称したことはない。これは特に気取っているからでも、謙遜しているからでも、言い訳の逃げ道を作っている訳でもない。

純粋に「プロ」と思ったことがないだけである。なぜなら、筆者の中での「プロ」という語彙は、「その道の達人、絶対負けない巨人・大鵬・卵焼き」、あるいは「イチロー」とか「アイルトン・セナ」のような、本当に誰もが認めるプロフェッショナルを指し、辞書にあるような、単に「その仕事を生業として生計を立てていること」という単純な意味ではないからである。

だから「カリスマ」と呼ばれようが、講演会で「先生」と呼ばれようが、自分のことを「プロ」だと思ったことは一度もないし、きっとこれからもないだろう。

誰でもなれるファンドマネージャーという職業

実は驚かれるかもしれないが、筆者は27歳でファンドマネージャーという職に就くまで、銀行の社員持ち株会を除いて、一度も株式投資の経験がなかった。銀行に就職し、新入行員として配属された店で支店経験を2年半ほど積み、その後3カ月間の語学学校への派遣を経て、人事部長からクリスマス・カード代わりに「東京人事部詰 太陽神戸投資顧問出向」という一枚の辞令をもらったときに、筆者の人生の路線が切り替わった。普通の銀行員だったはずが、資産運用の道をひた走る路線へと切り替わったのだ。

着任早々上司から「住民票と印鑑証明と身分証明書（禁治産者でないことの証明）」を持って来いと言われ、それらを区役所に取りに行き、「（重要な使用人の）届け出が済んだぞ」という連絡を受けて、自分がもうファンドマネージャーという職に就いたことを自覚した、というのが真実だ。つまり、そんなど素人が、ファンドマネージャーとしてお国に登録されたのだ。実はファンドマネージャーという職業自体には、身元が証明できて、変な浪費癖がある禁治産者ではないという公文書の提出さえできれば、おそろしいことに誰でもなれてしまう。ファンドマネージャーとして登録するかしないかは、とどのつまり運用会社の判断によるということだ。

ただ筆者たちの時代は恵まれていて、その後、3年間近くじゅうぶんに〝実弾演習〟をさせてもらってから顧客資金への本番デビューとなった。当時（88年）はバブル真っ最中であり、どこの銀行も株式運用に対して積極的で、系列の信託銀行に50億円単位で特定金銭信託を何本も設定しており、それを使ってＯＪＴというか、実地トレーニング（実際のトレーディング）をさせてもらえる余裕があった。

銀行としても、この分野の人材を増やさなくてはならないので、資金も投入するし、人も投入した。筆者の場合は多少のことではへこたれなそうなので白羽の矢がたったのだろう。

結局、自分は定量分析やモデル開発に使う特金を1本と、個別銘柄選択で普通に運用する（今で言うアクティブ運用）ための特金を1本、合計2本で100億円の資金を任せてもらった。そして、約2年間、自分の銀行の資金を運用することで機関投資家の端くれに名を連ね、インデックス・ファンドを作ってみたり、独自のマルチ・ファクター・モデルで運用する手法を開発してみたりした。

また、個別銘柄の通常売買から日計り商いなど、ありとあらゆる取引手法に〝実弾〟を使ってトライし、株式市場とは何たるかを勉強することができた。その後、さらに系列金融機関の資金で投資の実弾演習を継続し、実際に初めて一般のお客様の資金を運用開始したのは、登録をして3年近くたってからだったと思う。しかし、そんな余裕は90年を境にどこの銀行でもなくなり、次世代の人たちは、諸先輩の管理下で、いきなり顧客資金を持たされるようになっていった。

実はこのＯＪＴの時代に、ファンドマネージャーとして、厳しい市場環境の中でも運用のプレッシャーで心が折れないようにする術を身につけた。これは、その後もファンドマネージャーとして長く運用を続ける上で、本当に役に立った。

それは、筆者よりも1年先に投資顧問会社に出向し、さらにロンドンへ研修に行ってしまった2年次上の先輩の運用スタイルの真似だった。彼は市場が悪いとき、自分のポジションがアゲンストになってやられてしまっているときこそ、モニター画面を見つめながらも、他愛ないことにも大きな声を出して笑う、というより大きな声で高笑いする人だった。まさに「笑う門には福来る」そのものなのだが、イラクのクウェート侵攻などのニュースで市場が大荒れになっているときも、先輩はいつものように楽しそうに笑っていた。

こんなときに何がそんなに楽しく高笑いできるのかとたずねると、「松下幸之助も悪いときにこそ笑うんだと言ってたらしいからだよ、アハハ！」と笑いながら教えてくれた。

なるほど、先輩も意図してそうしていたんだと初めて気がついた。以来、筆者も市場が悪いときこそ笑うようにしてみたが、これが実に効果があった。それは意図的な本当はかわいた笑いだったのだ。
2000年代には、自分の担当するファンドは、「大島ファンド」などと呼ばれて合計3500億円相当にも増えていた。そんな矢先、忘れもしない2001年9月11日、あの忌まわしき米国同時多発テロが起こり、大型ジェット機が2機、通い慣れたニューヨークのワールド・トレード・センタービルに突っ込んでいった。

それまでも、第一次湾岸戦争（イラクのクウェート侵攻）に始まり、阪神・淡路大震災にベアリングス・ショック、山一證券の廃業・北海道拓殖銀行の破綻、LTCMの破綻、アジア経済危機に、2000年問題など、数え上げたらきりがないほど多くのイベントでその渦中にいたが、9・11ぐらい頭の中が一瞬白くなることはなかった。

ただ、そんなときでも、その笑う門には福来る戦法は、極めて有効だった。チームの部下たちに「モニター見ていて呻いていても、今は仕方ないから、どっか街に出て市場調査でもしてこい」と、モニターを消して街へ出よという指示も余裕で出すことができた。実際、モニターの前で値もつかずに気配だけ下げるような株価を見ていても、ガマガエルではないので何の役にも立ちはしない。外に出て、気分を切り替えて、来るべきリバウンドの取り方に思いを馳せたほうがよほど建設的だからである。筆者もポジション表と、いくつかのリサーチ・レポートだけをカバンに入れて、とっとと場中にも構わず街へ出て行った。この切り替えが巧かったお陰で、その後の展開にはすっきりした冷静な頭で臨むことができた。

ファンドマネージャーになるための資質

当時、よく銀行の人事部から「よいファンドマネージャーになるためには、どんな資質が必要ですか」と意見を聞かれた。人事部にはやや誤解があり、ファンドマネージャーというのは研究職の一種みたいなもので、頭脳明晰であることは必須であるものの、対人関係の巧拙などまったく関係ないものと思われていた節がある。

だからよく、「営業店では上手く行かなかったんですが、○○大卒（旧帝大系など）の優秀なのがいるんですが、鍛えてもらえませんか？」と、何人もの候補者を筆者の元へ送り込もうとしてきた。だが、その都度「営業店で使えなかったら、対人関係を構築できないから、ファンドマネージャーも無理ですよ」とお断りしてきた。

実はファンドマネージャーぐらい、対人関係構築能力が問われる職も少ないと思う。

それは、すなわちリサーチ能力と同義だからである。

何かあったとき、それが証券会社からであろうと、アナリストからであろうと、あるいは企業の人からであろうと、ファースト・コールをもらえる関係を構築できることこそ、生命線だからだ。幅広い人脈はあるに越したことはないが、ましてや、インターネットの時代になって、人脈が広いというのはそれほど価値がなくなったかもしれない。だがファースト・コールがもらえる太い関係こそが、重要な要素となる。

それとプライドは高くていいが、それに見合った胆力が必要だということも、よく人事部には伝えていた。前述したが、ファンドマネージャーはリサーチから投資判断まで、それこそ持てる力をフルに発揮して、全知全霊を賭けて行う。そして、自分の必死の努力の成果たるポジションのことは、24時間、決して頭から離れることはない。夜中に市場急変の夢を見て、寝汗ビッショリで日が覚めることもよくあった。でも、そこまでどんなに努力を積み重ねても、必ずしもマーケットの神様は、易々とはそれを認めてはくれない。認めてくれないばかりか、嘲るようにたびたび木っ端微塵に自尊心を打ち砕いてくれる。まるでファンドマネージャーの全人格を否定するかのように。それでも、どんなときにも高笑いをしながら、何度も何度も最初からやり直す、堪える胆力がなければ、ファンドマネージャーは続けられない。

しかし、これらをきちんと体系立てて訓練するプログラムもなければ、スキューバダイビングのインストラクター養成コースのようなものもない。すべて自ら手探りで自己研鑽して身につけるしかない。しかし、無理にそんな努力をしなくても「なんちゃってファンドマネージャー」でしばらく過ごすことはできる。なぜなら、その人のファンドマネージャーとしての資質や能力を適正に評価するだけの実績や経験、あるいは、その知識をきっちりと備えた上席者自体が金融機関に少ないからである。だから、もっともらしいことを言っていれば、少なくとも次の人事異動の2、3年先ぐらいまでは気づかれないで済む場合も多々ある。

その証拠の1つが日本証券アナリスト協会の「証券アナリスト検定会員」の資格さえ持っていないファンドマネージャーが、世の中にはごまんといるという事実だ。

この資格を取るには、最低でも1年間の通信教育を受けて1次試験を受験し、合格した者だけがさらに1年間の通信教育を受けて2次試験を受験し、それに合格して初めて検定会員証を手にできる。受験科目は「証券分析とポートフォリオ・マネジメント」、「財務分析」、そして「経済」の3科目だ。

確かに、この資格があったからどうなるものでもないし、職業の安定に資するものではない。ただ「証券アナリスト検定会員」という、ファンドマネージャーとして市場業務に関して、最も基礎的な知識レベルを保持していることだけは認定される。

「あんな資格、いらないよ」と嘯くベテランのファンドマネージャーをたくさん知っているが、まずほとんどの場合、それは、その人自身が証券アナリスト検定会員の資格を持っていないか、もしくは、すでに何度か受験して落ちた実績を持っているからだ。

事実、筆者の配下にも受験させてみて、白旗を掲げて帰ってきた部下が何人もいた。それも一次試験レベルの段階からだ。だから、ときどき焦るのは、同業者と話をしていて、ちょっとしたテクニカル・タームが通じないことがあるということだ。また、体系立てて知識を整理していないので、話をしていて、途中で「あれ？　そうだっけ？」と思うことがままあるということだ。つまり、その人はファンドマネージャーでありながら、おそらくポートフォリオの構築の意義を、現代投資理論を使って学術的な理論としては説明できない。

やはり、国家試験である必要はないが、命の次に大切な他人様のお金を好き勝手に投資先に振り向けられる職業である以上、フィデューシャリー・デューティー宣言なども悪くはないが、ファンドマネージャーになるための資格試験を、当局には真剣に考えてほしいところである。

ファンドマネージャーの待遇は、普通の総合職と変わらない

ここまではファンドマネージャーに求められる資質などを見てきたが、決して、それは生易しいものではないことはおわかりいただけたであろう。もし、読者の中でファンドマネージャーを志してくれているかたがいて、大学までの間で数学の統計学をかじったことがない人がいたら、まずは、「釣り鐘型の標準正規分布とは何か？」程度は、諳んじて人に説明できる程度にはブラッシュアップしておいたほうがいい。

しかし、もしそうした高いリクワイヤメントを資産運用業界がファンドマネージャーに求めるのならば、彼らの処遇改善も実際は必要ではないかと思う。

なぜなら、ファンドマネージャーのほとんどが、外資系の特別なところにいない限り、普通の銀行や証券会社などの総合職と扱いは変わらないからである。きちんとした職人根性を叩きこんで、職人気質の仕事をさせるには、資格試験も必要であるが、それ相応の処

遇も大切だと思う。彼らは市場という、常に「ＲＩＳＫとＲＥＷＡＲＤ」のバランスを考える仕事をしている。それは当然、自分の人生の投資先である職業についても、同様に考えるようになってしまうものだ。そのバランスが合っていない、すなわちＲＩＳＫのほうが高過ぎると思えば、それに見合ったことしかしなくなる。長いことお世話になった日系大手の運用会社を見てみると、決して、彼ら元同僚や部下・後輩たちの処遇は改善されているようには思えない。

第一、問題なのは運用会社の生え抜きが社長とならないことだ。常に、マネジメントは親会社から天下りよろしく降ってくる。運用会社である以上、生え抜きのファンドマネージャー上りこそが社長になるのが、一番現場の辛苦を理解し、業務内容自体も正確に把握しており、正しい経営ができるのではないだろうか。現場の気持ちに寄り添い、現場の士気を高めることができるのではないか、といつも思う。

もし元ファンドマネージャーでは、トップ・マネジメントとして〝経営自体〟がよくわからないとうそぶくならば、管理の大好きな元銀行員を、副社長や専務レベルで親会社から天下らせればよい。そして、ベテランの軍師として社長をサポートさせれば、その経営は十二分に満足いくものになるであろう。ただ、ファンドマネージャーのほうが、過去により多くの経営者の企業経営を分析しているとは思うのだが。

市場業務をじゅうぶん理解した人が上に立つことが、運用会社のためになることを実感する出来事が、90年代中頃にあった。

当時、筆者はすでにチーフ・ファンドマネージャーという立場にあったが、当然のことながら、まだボードメンバーではなく、すべて決裁承認をお願いする上司がいた。ただ、その上司のかたは、元々銀行本体の為替のチーフ・ディーラー（為替部門のトップ）であり、市場業務が何たるかをよく心得ているかただった。その人の下でファンドマネージャーをしているころが、職場として一番働きやすかったと記憶している。モチベーションも当然上がった。

なぜなら、我々がどういう心持ちで日々市場と戦っているのかを、それまでのどんな上司よりも理解していてくれたからだ。マーケットに思わぬショックがあって急落したときなど、「株のことはよくわからないけれど、きっと大島さんだけが（市場に）やられている訳じゃないよ。そんな怖い顔をしてるな。ちょっと飲んでいくか？」と、よく優しい声をかけてくれた。その一言だけで、実際に飲みに行く時間はお互いになくとも、ふと冷静に頭を冷やして我に返ることができたのだ。

また、お客様の前で厳しい運用報告会をして帰ってきた後などは、「ご苦労様でした」と労ってくれた。それがマーケットとの付き合い方を知っている人だったので、タイミングも、言い方も、実に絶妙だった。だから、そのかたの下で働いていたときが、最も自由に大らかに思う存分働けたときだったと思う。ただ若くして体調を崩され、50代で早逝されてしまったのが残念でならない。

明らかなのは、運用会社の現場を生かすも殺すも、上層部の仕振り一つだとすれば、やはり元ファンドマネージャーの生え抜きが社長に就くべきだとつくづく思う。

逆に、投資家の側から運用会社の体質を調べるとき、この辺りは重要なチェックポイントだと思う。業界にいないで外から見ているだけだと、あまり気づかないことだと思うが、運用会社の社長がどんな人かで、その会社の経営方針はコロコロと変わっている。

Ｗｅｂページなどで見る「社長挨拶」などという欄には、どの会社を見ても「革新的な、お客様本位の、素晴らしい運用を、長期にわたってお付き合いできるように、常に心がけています」という意図を骨格とした美辞麗句が、大体どこの会社でも並んでいる。あれを読んでも何もわからない。

ただ、社長のキャリアや新聞などで見られる人事異動情報をつぶさに見れば、その会社の大まかなことは投資家にもわかるだろう。

運用会社の社長には大きく分けて次の3タイプの人がいる。

①営業畑出身の人、②管理・企画畑出身の人、③市場・マーケット業務出身の人

これは親会社からの天下りでも同じことが言える。

①営業畑出身の人が社長についている場合、往々にして商品は金融機関側の収益第一主義に走っている場合が多い。短期間でその会社の業績を伸ばすという意味では、やり手の場合が多いが、一回目か二回目の株主総会が来るころには綻びが見えてきたりする。すなわち、商品ラインナップが「売りやすい」販売現場好みの商品に偏ってしまっていて、運用のパフォーマンスは上がっていない場合が多いからだ。

②の管理・企画畑出身の人の場合、投資家サイドにはあまり悪影響はないかもしれないが、会社自体が衰退して行っている場合が多い。そのため、おかしなウルトラCを捻り出そうとする場合があるので、それだけは要注意だ。

最後に③の市場・マーケット業務出身の人の場合、とりわけ、欧米のようにファンドマネージャー出身者が舵を取っている場合は、投資家としては好都合な場合が多い。よくこんな商品を考え出したなということもあるし、運用の立て付け自体に嘘偽りがあまりない商品が投入されてくる。ただ商品的に大当たりしないと、①のケースのように会社の経営が上向いていくとは一概には言い難い。社長の経歴などは、請求目論見書には記載されているので、ファンド購入前に、販売会社に一度請求しておくと良いかも知れない。

Ⅲ　すべての投資信託はファンドマネージャーが運用しているものという誤解

ポイント

（A）外国籍のスキーム型金融商品を国内投信でラップしただけの投信もある（手数料の水準には注意を要する）

（B）インデックス・ファンドを運用するベテランのファンドマネージャーはいない

運用部を解体した投信会社

運用会社の収益構造は、信託報酬という唯一の収入を、人件費と装置費用（情報機器を含む）で食い潰すか、利益を残せるか、という極めて単純な図式に集約することができる。

特徴的なのは、とりわけ人件費の占める割合が高く、次が投資信託や投資顧問契約の計理・勘定系システム費用と情報機器利用料を合わせた装置費用が多いことで、この二つで損益計算書の費用の部のほとんどを占めてしまう。「人が財産である装置産業」と言い換えることもできるほどだ。もちろん、オフィスの地代家賃も、営業担当などの出張旅費や消耗品費もかかるが、圧倒的なボリュームが先の二つであることは間違いない。

そして、収入は運用資産の預かり残高に応じて個々のファンドの信託報酬料率（年率）に基づいて日割りで計算される信託報酬の一種類で、これは完全に運用資産の預かり残高に比例する。その収入から費用を引いたものが利益となるので、運用会社を黒字化する方法は、極めて単純明快、「残高を増やすか」、費用を減らす、すなわち「人員を減らすか」、「装置関連費用を減らすか」しかない。

こう考えると、運用会社の経営なんて大して難しくなさそうに見えるし、確かに、ある一定のブレークイーブンをいったん越えた運用会社の経営なんて、よほど無能な経営者が舵取りをしない限り、赤字化して破綻などにはなりえないだろう。大手の金融機関系列の運用会社がそのいい例で、だからこそ、門外漢の新任社長が親会社から天下って来られる訳だ。

残高が保たれている限り、確実に信託報酬という日銭がチャリンチャリンと入ってくるし、経営が苦しくなれば出向者を親元に返して「人減らし」をすればいい。

しかし、設立間もない、まだ残高が集まっていない運用会社やブティック型の運用会社の経営は大変だ。トップラインを伸ばすこと、つまり、運用資産残高を伸ばすことに常に頭を悩ます一方で、その困難な現実の壁に打ちひしがれ、それでもなお、どうにかボトムラインで利益を捻り出す方法を考える。

さもないと、資本がある水準を下回ると、金融庁への届け出義務が生じ、最悪増資ができなければ、せっかくのそれまでの努力が水の泡だからだ。それは、投資運用業の認可取り消しで、廃業とならざるをえなくなるということだ。

実はこれこそ、筆者の実体験の1つで、楽天投信投資顧問の社長就任から当初の2年半強の間、つまり、単月で会社を黒字化するところに持っていくまでの間、24時間いつも頭から離れなかった悩みの種だった。運用会社も金融機関の端くれであり、金融庁から投資運用業の認可を受けて業務を行っている以上、最低限の形式要件を満たしていなければならない。

お客様の大事な資金を運用するのだから、至極当たり前のことだが、そのための間接部門のコストが重く経営にのしかかる。つまり、コンプライアンスや計算事務関係、あるいは、法廷書類や開示資料などの作成を司る人員は、災害時等のＢＣＰ（Business Continuity Plan：事業継続計画）も踏まえて、ある程度の陣容は整えておかないとならない。また、リーガル・リクワイヤメントではないが、当然、営業もトップラインを伸ばすためには、不可欠な存在で、なくす訳にはいかない。

筆者が経営を株主から託されて始めてからの2年余りは、矢継ぎ早に新ファンドを投入し、その一方で、爪に火を点すようなケチケチ経営をしてなんとかトップラインを伸ばして黒字化を図ろうと必死にもがいてみたが、ネット系運用会社の新参者がお客様の信頼をそうたやすく得られるものではなかった。事実、資本金が金融庁宛要報告ライン抵触までついに2年目で秒読み段階となり、その数カ月後、実際に抵触して改善計画を提出する段階まで行ってしまった。そして、その傍らでは株主に何度も何度も事業計画を提出し、増資を依頼する日々が続くようになっていた。米つきバッタのように頭を下げて回るばかりの毎日であった社長としてこのまま手をこまねいていれば、間違いなく投資運用業は廃業とならざるをえず、事業解散も必至という状況だったからである。

そんな状況を打開すべく、最後のウルトラＣの苦渋の決断として、トップラインを伸ばせるようになるまでの間、もう一段のコストカットをすることを決断した。筆者が最終的に運用会社の社長として出した決断とは、聖域である運用部の大胆な縮小だ。

元々、まだまだ小さな会社だったので、社長といっても営業から雑用から何でもするし、あるファンドの目論見書を作るときには、担当者と一緒に誤字脱字探しの読み合わせを、明け方4時過ぎまでかかってしたこともある。自社Webページのバックアップも社長の隠れた仕事の1つであった。その一方で、元ファンドマネージャーという想いが強かったからか、ある意味、運用会社にとって運用部門は聖域であり、ちゃんと調査部があって、トレーディング部があって、そしてファンドマネージャーがいるというのが当たり前だという発想があった。だが、断腸の想いでここにメスを入れることを決断した。実質、運用部を解体したのだ。

本来、運用会社には、売れるものは商品しかない。そうファンドだ。

しかし、その時考えたアイデアは、投資運用業というライセンス自体をマネタイズ（収益化）する方法が何かあるのではないかという発想だった。ライセンスが容易に取得できるものではない以上、必ずそのニーズはあるはずであり、また、その方法もきっとあるはずだと考えた。

そこで考えついたのが、外国籍ファンドを国内籍のファンドで購入し、為替ヘッジだけ行って円建てのファンドとして売るビジネス、あるいは外資系投資銀行が組成するスキーム商品を投資信託の箱組みで包み（実際には、債券や外国籍ファンドの形になっているものをファンドが購入する形をとる）、機関投資家に私募投信として販売するなどのアイデアである。実際の重要な投資判断は、ファンドの外で行って、会社はそれを国内で販売できるように、国内投資信託という形に包装してあげるビジネスである。正にライセンスのマネタイズである。

欧米では実際にＷＲＡＰ（包む）という言い方をするが、そうすれば、ファンドマネージャーに大きな負担をかけずにすむので、重装備の運用部隊は不要になる。言い換えれば、資金繰りや為替ヘッジのオペレーションなど、新人でも筆者の管理の下でなら何とかできるようなファンドは作り込めると考えた。

そして生まれたファンドが、その後、カバード・コール戦略をとり入れた投資信託の走りとなり、数年間、全ネット証券の販売額ランキングで1位を独占し続けた。

それが「楽天ＵＳリート・トリプルエンジン（レアル）毎月分配型」（以下、トリプルエンジン）である。業界で唯一「店頭デリバティブを含む複雑な投資信託」の指定を受けてしまったこともあり、販売会社はほぼネット証券だけに限定されたものの、運用資産残高もピーク時（2015年1月）には1500億円を超えるファンドに成長することができた。このファンド、担当のファンドマネージャーはついているが、その仕事は実に日々の資金繰りと為替ヘッジのロール・オペレーション程度の軽いものである。

ファンドマネージャーの仕事、というかファンド運用というもののイメージは、担当のファンドマネージャーが日々ポジション表と毎日の時価変動をモニターでにらめっこしながら、多くのリサーチなどの材料から最適な状態にあるように投資判断を繰り返すものと思われがちだが、なかにはこうしたトリプルエンジンのようなファンドもあることを覚えておいてほしい。

特にそれが欠陥であるとか、問題を抱えているということではなく、投資信託の1つの在り方として、トリプルエンジンのように、外国籍のスキーム商品を国内投信でWRAPしただけのファンド、つまり、ファンドマネージャーが日々投資判断を繰り返して、モニターの前で悶々としないでいいファンドもあるということである。

ここで話をわかりやすくするために、トリプルエンジンの仕組みを説明するが、トリプル・エンジンという以上、3つの収益源（エンジン）がこのファンドには内包されている。

①ＮＹ市場に上場されているUS-ＲＥＩＴのＥＴＦに投資することでその値上がり益と配当を得ることが一つ目のエンジン、②そのＥＴＦの現値から少し外れた値段を行使価格としたＯＴＭ（アウト・オブ・ザ・マネー）の店頭コール・オプションを売り建ててカバード・コールのポジションを組むことで、コール・オプションのプレミアム獲得が２つ目のエンジン、③ブラジル・レアルのデリバティブを利用して、実質的にブラジル・レアルに投資することで得られるインカム・ゲインの獲得が三つ目のエンジンというものだ。

これら3つのエンジンを持つことからトリプルエンジンと名前をつけた。ただ残念なことに店頭オプションを組み入れたことにより、設定後半年後の法改正で「店頭デリバティブを含む複雑な投資信託」という、お客様への説明に特別な手当てを必要とする、実質的にはその指定を受けたときから対面での販売は事実上不可能に近いファンドと認定されてしまい、社長としては最後まで苦労の種の尽きないファンドであった。

このファンドの肝の部分となるのは、ＥＴＦとその店頭オプションを組み合わせるときの、行使価格の決定と最良執行（複数のマーケット・メーカーに入札させる）で、最適なカバード・コールとしてのプレミアム取りを狙えるポジションを組成することにあり、それは

NY市場で行われる。

これを一括して行う方法を外資系投資銀行ととり決め、それをNOTE（一般的には債券のこと）の形にして、ファンドが資金繰りに合わせて、それを買ったり、売ったりするという方法をとった。運用のスキームにもよるが、こういう方法をとれば、前述のように何も重量級のファンドマネージャーを運用会社が抱え込む必要もないことになる。そして、それは事実ワークし、現時点（2017年10月）では約500億円の運用資産に減ってしまってはいるが、営業マンによるプッシュセールスなしのネット・チャネルだけで、運用資産総額が1500億円を超える大型ファンドにまで成長させることができた。

これは一般によく知られているファンド・オブ・ファンズという形式のものではない。ファンド・オブ・ファンズも、ファンドマネージャーはほぼ資金繰りの面倒を見るだけという点では同じだが、投資対象となるファンド（タックスヘイブンなどに設立された外国籍投資信託などが多い）の中では、ファンドマネージャーが同様にモニターと睨めっこしながら逐次投資判断を行っているので、よりアウト・ソーシング的な色彩が濃いものである。

インデックス・ファンドやAIファンドを運用するファンドマネージャーとは

前述のトリプルエンジンのようなファンドは、運用の肝の部分を固定的なスキーム化を図ること、要するにその仕組みを作ることによって、ある意味で運用を機械的に行い、ファンドマネージャーの負担を減らすことを目的としたアイデアといえる。

一方、インデックス・ファンドや、とりわけＡＩファンドやロボット・ファンドと呼ばれるものは、違う意味でファンドマネージャーの負担を軽くする。後者については、こうしたファンドを総称してクォンツ運用のファンドなどと呼んだりする。

クォンツとは、Quantitative（数量的、定量的）から派生した言葉で、高度な数学的手法を用いてさまざまな市場を分析したり、さまざまな金融商品や投資戦略を分析したりすること、または、その分析をする人を指し、クォンツ運用とは、それをとり入れたファンドということになる。

この典型がインデックス・ファンドであり、アクティブ運用に対して、パッシブ運用と呼ばれる。つまり、市場全体に対して受動的に従う運用ということになる。インデックス・ファンドで一番簡単なのは、日経平均株価に連動するような、インデックスそのものを簡単に模倣できるものを対象としたファンドである。

日経平均株価の算出方法は、日本経済新聞社が決定した日経平均採用225銘柄を、50円額面に換算して等株数ずつ購入するだけであるから、これは特に数理に長けたクォンツが必要となる訳ではない。要は、「225銘柄、全部ください！」と注文できればいいだけだからだ。こうした運用の仕方を、①完全法（準完全法）などと呼ぶ。

一方、TOPIXのように対象となる銘柄が、全部で2032銘柄（2017年10月5日現在）もあり「東証一部上場銘柄を全部ください！」とは簡単に言えないようなインデックスを対象としたインデックス・ファンドを組成する場合、クォンツ運用のノウハウに頼り、②層化抽出法や③最適化法と呼ばれるサンプル法という運用をしないとならない。

こうした場合、どこに運用の付加価値があるかと言えば、当然のことながらそのクォンツ運用のモデルを開発する部署であり、人であり、そのコンピュータ・プログラムということになり、あまりファンドマネージャーの出る幕はない。もちろん、筆者が若いときのようにモデルを自分で開発し、自分で運用するというようなケースでは、クォンツ＝ファンドマネージャーなのでその関係は対等になるが、通常はその専門部隊がいて、計算結果に基づく売買計画をファンドマネージャーに降ろして、ファンドマネージャーが発注依頼をトレーダーにするという形になる。こうしたことから、インデックス・ファンドを運用しているファンドマネージャーには、おおむねベテランやシニアの人はいない。

Ⅳ　分散投資に対する大きな誤解

ポイント

(A) 下手の分散、休むに似たり
(B) 分散投資の本当の効用を得るには、それなりの計算が必要
(C) 円株／外国株、円債／外債、というホームカントリー・バイアスは分散投資には不向き

「卵を1つの籠に盛るな！」は正しいけれど

一般に分散投資の必要性を説明するときには、「卵を1つの籠に盛ってはいけない」とよく言われる。おそらく、どの金融機関でも1つの籠に盛った卵の絵を描いた資料を見せられて、分散投資の必要性を、社員にもお客様にも教えていることだと思う。

卵を1つの籠に盛ってしまうと、もしその籠を落としてしまったら、全部の卵が一度に

割れてしまうから危険だということを伝える喩え話だ。この説明自体には間違いなく、正しいことを伝えようとしているが、分散投資の教えはこれだけではじゅうぶんだとは言えない。むしろ、中途半端な理解は誤解しているに等しく、危険な場合さえある。

定性的に言えば、複数の籠に分けて卵は盛ったものの、その籠を同じ1つのテーブルに載っけていたとしよう。もし今度はそのテーブルに誰かが躓いて、テーブルごと倒れてしまったら、複数の籠の卵もろとも床に落ちてしまうことになり、1つの籠ではなく複数の籠に分けた意味がなくなってしまうからだ。

具体的な例で考えてみよう。

久しく高成長が期待されていた中国経済も、数年前から成長が減速している。それまではGDP成長率が10%を超える勢いだったものが、8%になり、6%になりという具合に減速していった。これを受けて、当然中国株の値上がりには陰りが出るようになったが、その一方で、中国経済の成長鈍化は、思わぬ波及効果を豪州にもたらした。

鉄鉱石や石炭の輸出で知られる豪州の大きな輸出先が、中国だったのである。中国の景気鈍化は当然、鉄鉱石の輸入やそれを製鉄するときに燃料として使う石炭の輸入を急速にスローダウンさせた。その結果、豪州景気は悪化し、豪州中央銀行は利下げをして、なんとか景気刺激策を取らなければならなくなった。

しかし、今度は金利を引き下げたことで、豪ドルが売られることになり、対円でも円高を招く結果となった。まるで「風が吹いたら桶屋が儲かる」というような連鎖話なのだが、実はこれこそが分散投資の本質的な難しさを示している一例である。

すなわち、この「風が吹いたら桶屋が儲かる」という一連の流れの中に関わるものは、見た目は1つの籠に盛っていない卵なのかもしれないが、その実、すべての籠が1つの同じテーブル、この場合で言うなら「中国経済」というテーブルに載っていたことになる。

もし、中国株と豪州の資源株、あるいは豪ドル建て債券などに投資していたとしたらどうなったであろう。一見すると、アセット・クラスは新興国株と新興国債券であるので分散投資になっているから大丈夫ということになったであろうか？

残念ながら、その答えは一斉にテーブルごとひっくり返ったである。

もしこの事態の少し前に、先進国株として欧州株への投資をしていたとしたらどうなっていただろうか？　それこそ先進国株、新興国株、そして新興国債券と、きちんと3つのアセット・クラスに分散投資がされているように見えるが、実は中国経済が失速した理由の1つはギリシャ・ショックなどによる欧州経済の失速・停滞である。欧州経済が失速した煽りを受けて、中国の鉄鋼輸出が急減、その結果、豪から資源を輸入しなくなったというのが本当にあった流れなので、ドミノ倒しを見るように、すべてが厳しい結果に終わった。

豪ドル建て債券に関しては、利下げによる値上がりも期待されたが、高金利通貨からの逃避という流れとともに、為替影響のほうが強くマイナス側に効いたという結果に終わっている。

国を跨いだアセット・クラスでの分散投資でもこの結果なので、例えば、日本株だけ、米国株だけ、といった単一のアセット・クラスでの分散となるとより難しい。

さすがに、トヨタとホンダと日産を抱えて「分散です」という人もいないと思うが、「トヨタ」と「パナソニック」と「旭硝子」だったら、迷うところだろうか。

この3社だとHVの「プリウス」などというキーワードで一蓮托生になる。本来であれば「Amazon」と「Facebook」と「Alphabet（Google）」ならば、E-commerceとSNSに検索エンジンほかと別々のものに見えるが、その実態はほとんどNASDAQ総合と一蓮托生になる。

こうした事例が多いこともあり「下手の分散、休むに似たり」とか、「分散投資のつもりの、ただの散漫投資」などと揶揄され、分散投資の本当の効果を得るようにすることがいかに難しいかを教えている。

実は、分散投資を適切に行う、もしくは適切に行われているかの確認は、過去のヒストリカル・データとパソコンがあれば、最近では誰でも計算することができる。

逆に言えば、それがないと本当に分散できているかを確認することは、非常に難しいとも言えるので、安易に分散投資の意味でこういう投資をしましょうというようなセールスに乗ってはいけないし、お客様に薦めてもいけない。馬鹿に見えるだけだ。

分散投資の本当の効用を得るには、それなりの計算が必要

パソコンがあるなら、相関係数を調べてみれば直ぐにそれは分析できるのだが、残念ながら比較検討したい対象物の価格のヒストリカル・データは取り難いかもしれない。

ただ最近ではインターネットで多くのデータにアクセスすることができるので、トライしてみる価値はある。必要なのは、エクセルと【＝ＣＯＲＲＥＬ（2つの配列のデータ）】と

いう関数だけ。この値は「△1＜相関係数＜1」となるが、絶対値が1に近いほど相関が高く、分散が効いていないことを表している。

参考までに、2008年から2016年の各アセット・クラスの年次収益率と、それを基に相関係数を筆者が計算したものを上記にお見せする。

年次収益率で計算しているので、大まかな動きに基づく相関関係しか読み取れない。また、2008年のリーマンショック以降、先進国の中央銀行が思い切り金融緩和に舵を切ったこともあり、短期金融商品・短期債券のリターンはゼロにほぼ貼り付いているので、この相関係数に関しては参考値としか見られないが、その他では投資適格債とハイイールド・新興国債券、あるいは、先進国株式と不動産の相関係数はそれぞれ0・93、0・92と非常に高い。

各アセットクラスの年次収益率（%）　2009〜2016

	短期金融商品・短期債券	先進国国債	投資適格債	ハイイールド・新興国債権	先進国株式	新興国株式	コモディティ	不動産	オルタナ
2009年	0.2	0.5	15.6	37.0	33.4	-83.1	18.8	40.7	12.7
2010年	0.1	3.1	6.8	7.8	-2.6	3.6	16.7	4.3	4.8
2011年	0.0	5.0	4.3	0.5	-10.4	-22.6	-13.5	-11.3	-9.0
2012年	-0.1	4.0	10.5	23.0	30.3	33.0	-1.3	43.7	3.3
2013年	0.0	-0.2	-0.2	8.2	53.9	18.4	-9.6	26.0	6.7
2014年	0.0	7.9	7.2	6.5	19.5	11.4	-17.1	31.0	-1.1
2015年	-0.1	0.8	-0.8	-4.4	-0.6	-14.7	-24.8	-0.5	-4.0
2016年	-0.5	2.1	4.3	8.3	4.3	-7.9	10.8	1.0	1.3

各資産間の相関係数　2008～2016

	短期金融商品・短期債券	先進国国債	投資適格債	ハイイールド・新興国債権	先進国株式	新興国株式	コモディティ	不動産	オルタナ
短期金融商品・短期債券	1.00								
先進国国債	0.31	1.00							
投資適格債	-0.34	-0.12	1.00						
ハイイールド・新興国債権	-0.39	-0.40	0.93	1.00					
先進国株式	-0.48	-0.49	0.58	0.75	1.00				
新興国株式	-0.56	0.09	0.02	0.06	0.42	1.00			
コモディティ	-0.44	-0.43	0.78	0.80	0.49	0.03	1.00		
不動産	-0.49	-0.29	0.80	0.89	0.92	0.40	0.58	1.00	
オルタナ	-0.52	-0.58	0.477	0.90	0.87	0.25	0.82	0.89	1.00

相関係数は△1＜相関係数＜1の間を動くので、絶対値が1に近い場合、ほとんど分散投資の効果はないと言って差し支えない。正負が逆になっている場合は、基本的には反対の動きをしているので分散する意味はある。ただ△1であれば、常に正反対の動きをするという意味になるので、利益と損失を打ち消すことになり、それら両方に投資をする意味はない。

逆に、相関がプラス・マイナスに関わらずゼロに近い場合は、基本的に相関性がないので、分散投資の対象としては面白い。つまりポイントとなるのは相関係数の絶対値がゼロに近いほど分散した効果は高くなるということ。そのため、相関係数を2乗した決定係数を用いる場合も多い。また、これらの数値が

各資産間の相関係数　1990-2016

	短期金融商品・短期債券	先進国国債	投資適格債	ハイイールド・新興国債権	先進国株式	新興国株式	コモディティ	不動産	オルタナ
短期金融商品・短期債券	1.00								
先進国国債	0.53	1.00							
投資適格債	0.49	0.72	1.00						
ハイイールド・新興国債券	0.25	0.31	0.75	1.00					
先進国株式	-0.24	-0.12	0.23	0.58	1.00				
新興国株式	0.10	0.06	0.02	0.33	0.39	1.00			
コモディティ	0.05	-0.23	0.10	0.28	0.12	0.17	1.00		
不動産	-0.27	0.04	0.33	0.58	0.75	0.44	0.25	1.00	
オルタナ	0.42	0.22	0.47	0.54	0.41	0.42	0.42	0.42	1.00

常に一定であることはない。当然、リーマンショックの後のように、全アセット・クラスがリスクオフになってしまって、その後、いったんはすべてがリスクオンになるような状況では数値が歪む場合もある。

上の表は、１９９０年から２０１６年までの年次収益率で計算したものである。だいぶ景色が変わって見えることがおわかりいただけるだろう。相関係数の値は、算出に使うデータのサンプリング期間や長さによって大きく異なることがよくある。身近な例で言えば、日本株とドル円為替のそれだ。足もとでは円安で株価が上昇しているが、２０００年代初めから中頃までは円高で日本株が買われたのは記憶に新しい。前者は企業収益を見ている時であり、後者は外国人投資家が日本株を買うために円を買っていることを評価していた時である。この表で面白いのは、先進国株式と不動産の相関は常に高いということだ。その一方で、コモディティはほぼ一貫してどのアセット・クラスとも相関が低い。先進国株と先進国国債は、相関はほとんどないが、わずかに負の相関があるという点は、運用している実感とも一致する。

不景気なときには金利が下がるので、債券は利益を出しやすいが、そういう環境下では企業収益は上がりづらいので、株価も上がりづらいという理解である。これらの表を見て、散漫投資にならないような正しい分散投資を心がけてほしい。

ホームカントリー・バイアスは国際分散投資には不向き

国際分散投資をする上で、ときどき「国内株式と外国株式」、あるいは「国内債券と外国債券」と言った分類の仕方をするケースを耳にする。

実は、日本の公的年金は、今でもこうした分類でアセット・アロケーションを行っているが、こうした「国内と外国」という分類の仕方、言うなれば自国を中心に内外と考える方法を「ホームカントリー・バイアス」と呼ぶ。

しかし、国際分散投資に一日の長がある海外の大型年金基金などは、自国を中心に考える「ホームカントリー・バイアス」は持っていない。

公的年金制度についても書き出したら、一冊以上の本になってしまうので、要点だけに端折るが、日本の人口動態の変化（三角形→逆三角形）に伴って、掛け金収入で給付金を賄えなくなって来つつあることは論をまたない。

それゆえに、年金基金自体が資産運用でその不足分を稼ぐことは、極めて重要な問題であり、野党が熱心な永田町界わいの意味不明な不毛な議論をよそに、構造改革を進めつつある。その先駆けとなったのが1997年12月の5332規制の撤廃であるが、その後も徐々にではあるが、欧米のソフィスティケートされた国際分散投資を見習いながら、徐々に運用内容を変えつつある。

興味深い資料が、年金積立金管理運用独立行政法人：Government Pension Investment Fund（以下、GPIF）の第23回運用委員会（平成20年12月19日開催）の資料としてWebページに開示されている。これは筆者の予想では、GPIF内で株式投資比率を増やすことの正当性を議論するために使われた資料だと想像するが、「海外年金基金との運用状況等比較」と題された資料には、日本の公的年金と、アメリカ、カナダ、ノルウェー、そして、日本の企業年金との運用パフォーマンスの比較が事細かに分析記載されており、非常に興味深い。（http://www.gpif.go.jp/operation/committee/pdf/h201219_appendix_02.pdf）

時期的には、ちょうど日本の年金福祉事業団が、年金積立金管理運用独立行政法人：GPIFと衣替えして業務開始（平成18年4月1日）後、約2年のところである。

既述の5332規制撤廃などを経て、日本の年金も多少は自由度を高めつつあったが、その運用はまだまだ基本的に債券運用が中心で、なおかつ、「ホームカントリー・バイアス」が非常に強い形のもの、すなわち、国内株式と国内債券で総資産の8割程度を占める運用であったので、正直、運用パフォーマンスは芳しくない。つまり日本という1つの籠に卵を盛ってしまっていたのである。

従って、この資料の冒頭も「過去5年間の運用利回りについて、海外年金基金とGPIFとを比較すると、CalPERS、CPPIBでは2桁の運用利回りとなっており、GPIFをかなり上回っている」というショッキングな書き出しから始まる。

その資料に掲載されている外国年金とのパフォーマンス比較表を載せたが、GPIFのパフォーマンスは、アメリカやカナダの年率2桁％台の成長に比べて、かなり見劣りすることがわかる。

その運用利回り格差の要因分析も独自にされている。

①1つめには「アメリカ・カナダの債券運用利回りは、この5年間の平均で6%程度であるのに対し、我が国では約1%」という通貨の違いによる金利差にあるとし、②為替の変動要因を挙げている。しかし、これら①と②が「運用環境といういわば与件であったのに対し、③資産配分要因は目標運用利回りに起因する運用戦略の差。5年間ならしてみると、株式の利回りが債券を上回っているので、株式比率の高い基金の方が高い利回りをあげている」とまとめている。このとき、アメリカ・CalPERSの株式組入比率は52・6%であるのに対して、GPIFは僅かに27・0%である。目標利回りの設定については、CalPERSが7・75%であるのに対して、GPIFは賃金上昇率

海外年金基金とGPIFの利回り比較

	平成15年度	平成16年度	平成17年度	平成18年度	平成19年度	平成15〜19年度(年率)
CalPERS(アメリカ)	30.9%	8.4%	16.7%	12.8%	2.9%	14.0%
CPPIB(カナダ)	17.6%	8.5%	15.5%	12.9%	-0.3%	10.7%
CPF-G(ノルウェー)	21.1%	1.0%	11.5%	5.6%	-11.4%	5.0%
GPIF(市場運用分)	13.0%	4.4%	14.4%	4.6%	-6.1%	5.8%
(参考)企業年金	16.9%	5.2%	21.3%	4.9%	-11.8%	6.6%

※企業年金の上半期利回りは、資産運用実態調査が年1回の公表のため、R&I年金ユニバース運用実績の推定利回り

＋1・1%である。

厚生労働省「毎月勤労統計調査」によると、2008年暦年の実質賃金上昇率は△1・93%なので、運用目標がマイナス設定であったのかと多少疑問を抱くが、それにしてもGPIFの運用パフォーマンスは悪い。

実は、このあたりを境にGPIFは国内債券の組入比率を引き落として、株式の組入比率を徐々に引き上げていく。それを示したのが次頁の図である。

国内債券が減る傍らで、国内株式と外国株式が徐々に増加していることがわかる。こうした努力が功を奏したようで、GPIFの直近10年間の平均収益率は2・89%であるのに対して、直近5年間だけを見ると年率6・48%にまで高まっている。

もちろん、株価が不調であった2015年度は△3・81%と不芳ではあるが、その前年2014年度は12・27%、2016年度は5・86%となっており、だいぶ運用状況の改善は進んだように思われる。

余談にはなるが、国会やメディアでは「GPIF運用損5兆2342億円　2016年4～6月期の運用実績　2期連続赤字」（2016年8月26日：日経新聞）などと庶民感情

年金積立金管理運用独立行政法人のアセット・アロケーション推移と運用収益

	2001年度	2002年度	2003年度	2004年度	2005年度	2006年度	2007年度	2008年度
収益率	-1.80%	-5.36%	8.40%	3.39%	9.88%	3.70%	-4.59%	-7.57%
国内債券	68.08%	69.39%	67.50%	69.77%	63.75%	64.40%	71.34%	73.94%
国内株式	17.68%	14.70%	17.06%	14.24%	18.45%	16.65%	11.50%	9.69%
外国債券	3.49%	5.07%	5.62%	6.64%	7.34%	7.92%	8.06%	8.51%
外国株式	9.90%	8.90%	8.42%	9.34%	10.46%	11.03%	9.10%	7.72%
短期資産	0.85%	1.94%	1.39%	0.01%	0.00%	0.00%	0.00%	0.14%
合計	100.00%	100.00%	100.00%	100.00%	100.00%	100.00%	100.00%	100.00%

	2009年度	2010年度	2011年度	2012年度	2013年度	2014年度	2015年度	2016年度
収益率	7.91%	-0.25%	2.32%	10.23%	8.64%	12.27%	-3.81%	5.86%
国内債券	67.54%	66.59%	63.30%	61.81%	55.43%	41.25%	39.19%	33.04%
国内株式	12.01%	11.53%	12.50%	14.57%	16.47%	23.04%	22.69%	24.28%
外国債券	8.26%	8.11%	8.74%	9.79%	11.06%	13.23%	14.05%	13.58%
外国株式	10.79%	11.26%	11.46%	12.35%	15.59%	21.88%	23.06%	24.10%
短期資産	1.41%	2.51%	4.00%	1.48%	1.46%	0.61%	1.01%	5.00%
合計	100.00%	100.00%	100.00%	100.00%	100.00%	100.00%	100.00%	100.00%

GPIFのアセット・アロケーションの推移

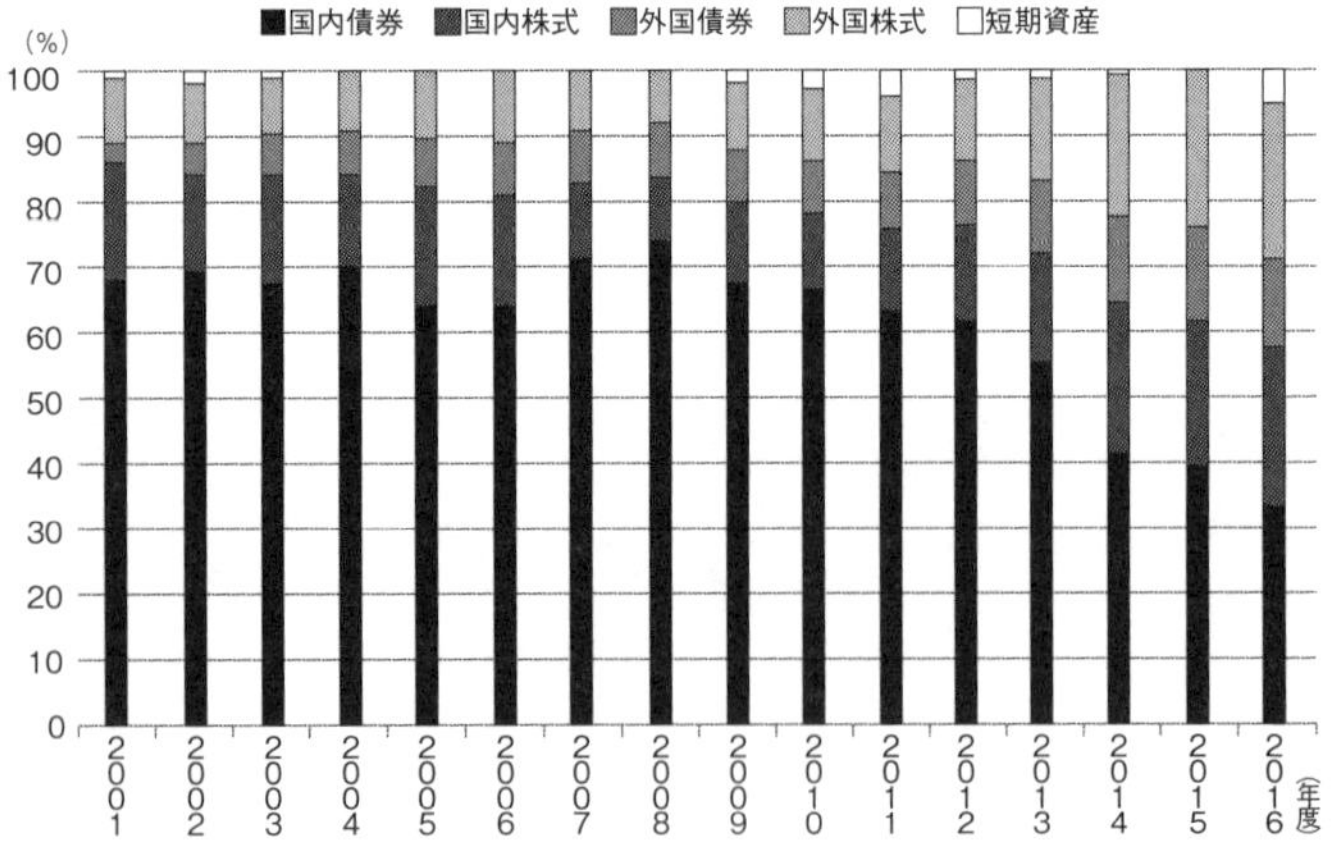

(GPIFのWebページより筆者作成)

をヒートアップさせることを狙ってか、なぜか実額ベースで公的年金基金の運用パフォーマンスを論じているが、運用資産が約140兆円にもなれば、わずか1％の市場変動（日経平均が20000円前後ならば、200円程度の上下変動に相当）でも、約1・4兆円という実額が変動することになる。

2016年度の最終的な運用パフォーマンスは年率＋5・86％になっているので、それまでの損失を取り返した上に、約140兆円×5・86％＝約8・20兆円も稼いだことになるが、このことはほとんど報じられてもいないし、評論家達も前言撤回することなく口を閉ざしたままだ。年金も含めて、ファンドの運用パフォーマンスを実額で論じることぐらい、「この人はものを知らないなぁ」と感じさせる稚拙な議論はない。

これでもまだ、国際分散投資というには稚拙な感じを否めない。

アメリカ・CalPERSの最近のアセット・アロケーションの考え方は、大きくは株（EQUITY）とか債券（BOND）というような表現も、一義的には出てこない形になっている。ただ、54％を占めるGrowth（成長）という部分をGlobal Equity（国際株式）をメインとし、54％の内、46％を公募株式（Public Equity）とし、残り8％を私募株式（Private Equity）とすると謳っている。債券という表現では、Incomeとし、国際債券を含む金利収入ストラ

2017年 CalPERS
Interim Starategic Target

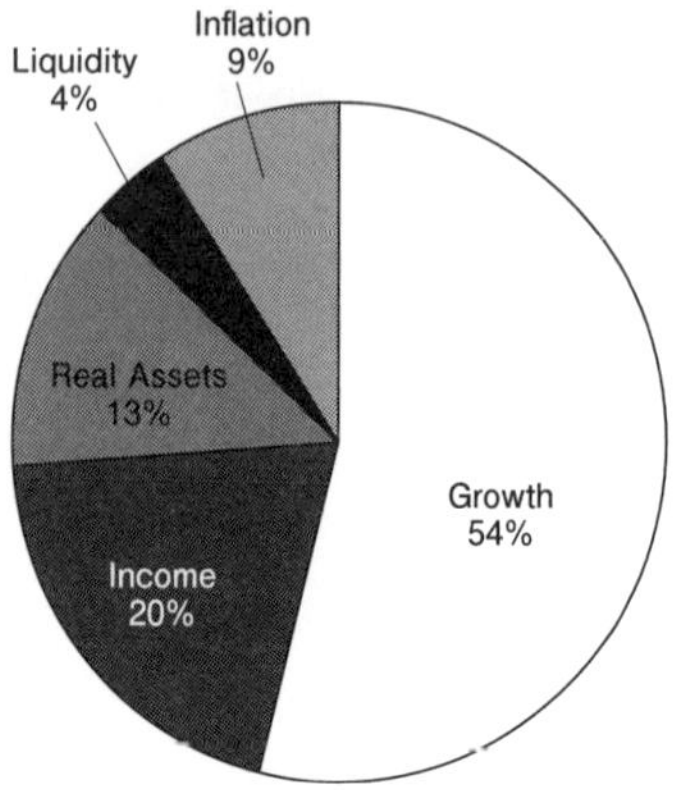

テジーとしている。そのほかも含めて、実に国内・海外という考え方はなく、どこにも「ＵＳ Ｏｎｌｙ」などというものは無い。

ちなみに、ＧＰＩＦの２０１７年度の最新の基本ポートフォリオは次頁の右の図の通りとなるので、ＣａｌＰＥＲＳのそれとアセット・アロケーションの違いを確認してみてほしい。

さて、こうした現実を踏まえて、欧米の富裕層相手のプライベートバンクはどのような提案をお客様にしているのかを確認しておきたい。次頁左側の図は英国バークレイズ銀行がグローバルに富裕層向けプライベートバンク・サービスで提供しているアセット・アロケーションの1つのサンプルである。お客様のリスク許容度に応じて5種類のモデルポートフォリオを叩き台に、さらにカスタマイズした形のポートフォリオ提案を行うのだが、まずそのアセット・クラスの数が9つと多い。一方で、当然にして国内・国外というホー

外資系プライベートバンク
基本アセット・アロケーション

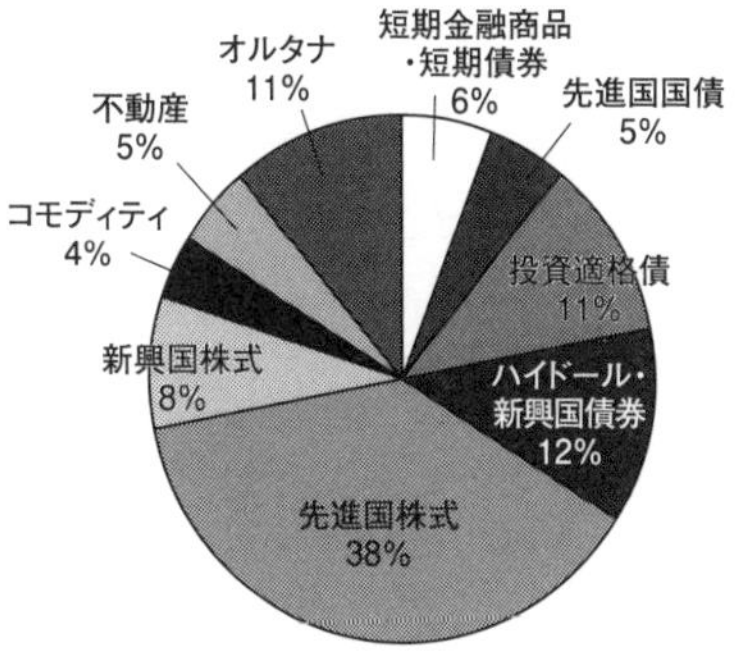

2017年度
基本ポートフォリオ

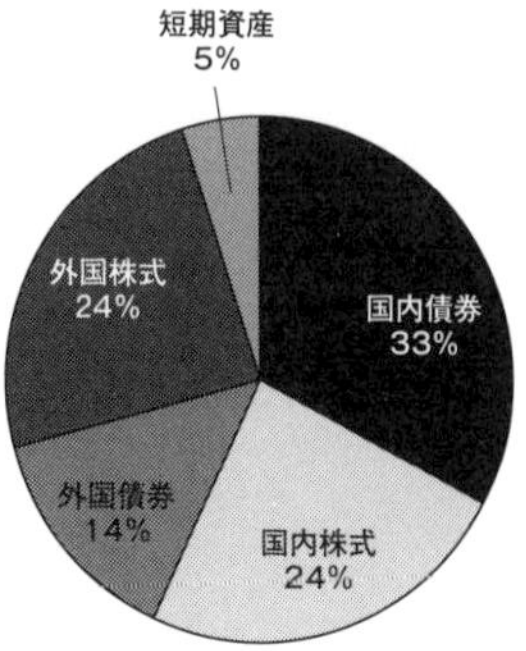

ムカントリー・バイアスはなく、単に、先進国と新興国という分類で株も債券も区分けしている。

この先進国という分類の中に、米国も欧州も日本も含まれる訳だが、基本的には時価総額ウェイトに、戦術的に強弱をつけて投資するという戦略を取る。ちなみに、日本株式はおおむね常にポートフォリオの10%に満たない7~8%のウェイトしかなかったが、それは、純粋に時価総額に起因するものである。

当然、これらはそれぞれのアセット・クラスでベンチマークを持っており、例えば、先進国株式ということであれば、TOPIXや日経平均株価などではなく、「MSCIワールド株式」、新興国株式であれば、「MSCI新興国株式」などと言ったグローバルな株価指数が利用されている。

株価が企業収益に基づくものであるならば、そのベースとなるのはこれだけグローバリゼーションが進んだ現代において、日本だけのGDPではなく、世界のGDPの成長こそがキーファクターになるであろう。ならば、人口動態でも頭数が減りゆくのみの日本にホームカントリー・バイアスを求め1つの籠に卵を盛るより、CalPERSや外資系プライベートバンクのそれのように、真の国際分散投資をするほうが、余程効率の良い運用収益を上げられるというのは自明の理である。

V　議決権行使の開示をパブリックにすべきという誤解

ポイント

(A) 議決権行使の実態（議題判定の実態）
(B) そもそも議決権行使をしてまで何かを質さないとならない企業に投資すべきか
(C) すべて公的年金への右へならえが生んだ弊害

投資信託を取り巻く環境として、筆者が最近非常に違和感を持っているものに「株主としての議決権行使の内容個別開示」がある。

金融庁が2014年に作った「スチュワードシップ・コード」を改定し、機関投資家や運用機関に投資先企業の株主総会で議決権をどのように行使したかを個別に開示したり、第三者が意思決定の妥当性を検証する仕組みをつくったりすることを求めたのが事の発端だ。監督官庁の指導に対して逆らう機関投資家はまずいないので、ほとんどの信託銀行、生命保険会社などが右へならえで個別開示に踏み切った。

例えば、信託銀行の場合、議決権行使を担う運用部門と融資部門が共存しているため、金融庁としては、個別開示で透明性を高めることで、融資の取引関係に配慮し、運用部門が投票行動を曲げるといった疑念を抱かれないようにするものである。

融資部門があるケースなど、ほかの取引関係がある場合、その透明性の確保を通じて、投資家保護を目指すということは理解しなくもないが、なぜ投資信託や年金の運用会社が、投資家保護の目的のために個別の株主議決権行使内容について、パブリックに発表しないとならないのか、かなり理解に苦しむところである。性悪説に立って、悪いほうへ、狡猾なほうへと事を進めれば、運用会社が株主議決権行使を使って、投資家との利益相反を起こす方法があるのかもしれない。しかし、20年以上ファンドマネージャーをしていて、議決権行使によって投資家の利害を損ねるなどということは、正直その方法さえ思いつかない。

自らが運用を担当しているファンドで、発行済み株式数のかなり大きな部分を保有していて、その議決権行使に絡んでファンドマネージャーが私腹を肥やす、あるいは、その見返りとしてソフトダラーのような形で運用会社に何か便宜を図ってもらう方法でもあるのだろうか？　確かにアクティビストのように「物言う株主」となって、暴れる運用というのもあるのは事実だが、多くの公募型投資信託の意図はそこにはない。

なぜなら、通常「株式投資をする」、「ある会社の株式を購入する」というのは、その会社の業績や将来性などのあり様を調べて「株主になりたい」企業に投資する。または「株主となって応援する」というのが、株式投資の王道のように思っている。

それ故に、投資先の株主総会への付議議題について、そもそも不満が生じるような、同意できない議題が提出されるような企業への投資など、もともと考えられない。もし、今期の業績や利益金処分案、役員の改選任、あるいは買収や合併、事業売却や撤退・縮小などで、おおよそ株主総会の議題で賛成できない議題が提示されたとしたら、株主の議決権行使で反対できるかどうかわからない、じれったい方法で決議を待つより、翌日の市場で売却してしまえばそれでお終いだ。

「あの人を役員にするようなら、この会社の未来はないな」と思えば、それこそ葉書の反対の欄に○をつけて投函するよりも、売却してしまって、ほかの銘柄を買えばいい。なにせ日本株の東証一部上場銘柄だけでも2000銘柄を超えるのである。ファンドの中に100銘柄か200銘柄入れるだけならば、それでじゅうぶん賄えるはずだ。

しかし、ここで立ちはだかる問題は、パッシブ運用の場合はどうするかという問題だ。本章の冒頭のほうでも言及したが、パッシブ運用の場合、ベンチマークとなるインデックスとの連動性を維持することが目的であり、それ以外には投資目的はない。従って、定量的に計算していかにインデックスの動きを模倣できるかだけを運用者は考える訳だが、その中には当然、業績の悪いもの、ファンダメンタルズの未来に確信が持てない銘柄が入ってくる。それらさえも投資するのがパッシブ運用である。せめてもの悪あがきとして、株主議決権行使によって、アクティビストのように物言う株主化して、なんとか社長の首をすげかえるとか、配当性向を高めるとか、策を弄するのも重要なのかもしれない。

しかし、その内容が一般に開示すべきなのかは、別の議論だと思う。そもそも、その銘柄に投資していない投資信託を保有していない人にまで開示する意味はあるのだろうか？むしろ発行体側のプライバシーの問題として、誰それを役員にしようと株主総会に諮ったが、ABC投信とPQR生命の積極的な反対に遭って否決されたというようなことが白日の下に晒されることのほうが問題ではないのかと思ってしまう。

確かに昨今は企業の不祥事が相次ぎ「誰がアイツを役員なんかにしたんだ」と問い質し

たいと思うことがあるのかもしれないが、一種の株主ハラスメントのような気がしてしまう。

公的年金へ右へならえが生んだ弊害の1つ

ただ議決権行使の問題は、今に始まったことではない。通常、株主の議決権行使は、何のアクションも起こさなければ、白紙委任となり、基本的には発行体側の提案通りに賛成ということになる。よって、筆者もリサーチの末に決めた投資先については、何の不満もなく反対票の議決権行使など、当初は考えたこともなかった。しかし、あるとき、具体的な事案は覚えていないが、余計なアクティビストの反対に負けないように、積極的に逆に賛成票を入れようと思ったことがある。

確か1999年3月期の株主総会だったと思うが、信託銀行に「○○ファンドで保有するABC企業の株主総会で賛成票を投じたいのですが、どうしたらいいですか？」と問い合わせをした。運用会社は投資判断の指図をするだけなので、実際の資金は信託銀行にあり、株主としての名義もファンド名ではなく、XYZ信託（投信口）などとなっている。

実はその当時、投信の運用会社が株主の議決権行使をするなどということは前例がなく、信託銀行からの返事は、「なにかに賛否を記載いただければ、そのような処理をします」という、非常にイレギュラーなものへの対応という感じであった。

しかしその後、公的年金が動き出した。

例えば、コーポレートガバナンスをチェックする観点から、社外取締役の人数が何人以上いることなどをチェック項目としてあげ、それに見合った株主総会決議が行われない限り、反対票を投じるというものだ。役員退職慰労金支給などについても、一定の基準を設けて賛否を投じるようになった。

隣で見ていて「年金は大変だなぁ」と思っていたら、例の年金コンサルティング会社のファンド・コンサルティング部門などが、徐々に「株主の議決権行使などのルール作りはどのようになっていますか」などという質問を送ってくるようになった。

「アクティブ運用のファンド故に、個別議案に反対してまで保有を続ける意思はなく、従って、基本的には個別議案について、あらかじめ賛否のルールを決めてはいない」という回答をしたと記憶している。しかし、これが社内で大揉めに揉めて、投信部門も年金部門と同様な社内統一ルールの下で、議決権行使を行うようにとのお達しが出たと記憶している。しかし、今ではそんな悠長なことも言っていられず、もし年金基金の受託を志すのであれば、ＧＰＩＦが２０１７年６月１日付で出した「議決権行使原則」（http://www.gpif.go.jp/operation/pdf/voting_rights_principle.pdf）に則ったガイドラインを社内に設け、対応しなければならなくなっている。

参考までに、三井住友アセットマネジメントが定めている議決権行使に関するガイドラインが、同社のＷｅｂページで見られるのでＵＲＬを記載しておく。
http://www.smam-jp.com/company/responsibility_investment/voting/guide.html

混乱しきりの事務の現場

ＧＰＩＦの名の下に正式な文書でこうした対応が要請される前から、公的年金やそれに連なる私的年金基金なども、株主の議決権行使について、そのガイドラインの設定から運用状況のチェックまで、厳しく行うようになっていた。

ただ実際に、この作業をきっちりと行うことは、各機関投資家の事務部門に多大なる負荷を強いることになった。実際に、「議決権行使　個別開示」として検索をしてみれば、各機関投資家の個別開示の結果がPDFなどで閲覧できるが、その量がいかに膨大なものであるかはぜひ一度ご覧いただきたい。

大手の機関投資家ともなれば、日本の全上場企業3569社の何割ぐらいの投資先があるのだろうか？　仮に3割としても約1200社であり、それぞれが5種類の株主総会議案を掲げていたら、機関投資家サイドは約6000の議題について、株主総会までの2週間前まで（株主総会招集通知が総会の2週間前までに発送される）の短期間で、すべて精査しないとならないことになる。その上、GPIFのこの行動指針に従うことになる。

具体的に内容を見てみると下記のようになる。

○運用受託機関は、長期的な株主利益の最大化に資する議決権行使方針、ガイドライン等を定め、判断の根拠が明確になるよう公表すること。

○運用受託機関は、形式的な議決権行使とならないよう投資先企業とのコミュニケーションを重視すること。

○運用受託機関は、ESGを考慮することは中長期的な企業価値向上のために重要であると認識した上で適切に議決権行使すること。

○運用受託機関は、少数株主の権利を損なうおそれがある議案についてはじゅうぶん検討を行い適切に議決権行使すること。

○運用受託機関は、各国のコーポレートガバナンス・コードが企業に対して求めている事項を踏まえて適切に議決権行使すること。同様のコード、またはそれに準ずるものがない場合には、各運用受託機関が投資先企業に求める水準に従って適切に議決権行使すること。

○運用受託機関は、議決権行使において議決権行使助言会社を利用する場合には、推奨通りに機械的に行使するのではなく、議決権行使の最終責任は運用受託機関にあるとじゅうぶんに認識した上で議決権行使すること（利益相反管理を目的とする場合は除く）。

冒頭のほうにも、形式的な議決権行使にならないようにと釘を刺しているが、実は最後の項目に面白いことが書いてある。

それは、議決権行使助言会社の利用である。国内の機関投資家といえども、外国株式に投資している場合は当然ある。ＧＰＩＦの例で言えば、１４０兆円の約24％は外国株式に投資しているので、その株主議決権行使に関わる書類は、当然日本語ではなく、英語も含むローカル言語ということになる。これらを限られた時間内に翻訳して、賛否の判断を議論してといわれても、到底運用機関側が回らない。そのため、議決権行使助言会社と言って、各議題について賛否のサジェスチョンを専門に行っている会社の意見を受けることができる。これは筆者もアナライザーなどで外国株に投資をしていたので、実際に利用した経験がある。最後の項目が言っていることはそういう意味である。

ただ、そうした物理的な問題なども踏まえて、現実の現場でそれがどのようにワークしているかは想像に難くない。もし、これがきちんと金融庁やＧＰＩＦが意図した通りに機能しているならば、例えば、不祥事を起こした企業の役員の選任について、賛成票を投じた機関投資家の責任追及という話にもなるだろう。また、粉飾決算などが起こった際、とりわけ融資機能を持つ金融機関の場合、その粉飾決算を見落としたまま、利益金処分案に賛成したのかしないのかなどの責任問題に発展する可能性がある。だが、昨今それなりに企業不祥事や粉飾類の話は聞くが、それがゆえに責任を問われた機関投資家というのは聞いたことがない。

Ⅵ　現代投資理論に対する誤解

ポイント

(A)　効率的市場仮説に依拠する部分には、実務上、無理がいっぱい
(B)　市場は決して効率的でもなければ、人間の投資行動は合理的ではない
(C)　リスクは標準偏差で表されるが、プラス側とマイナス側、人間の心理的インパクトは全然違う。
(D)　シャープ・レシオやインフォメーション・レシオは、あくまでも(C)から産まれた参考指標

現代投資理論とは何か？

現代投資理論とは、一体何か。

正式にはＭＰＴ、つまりModern Portfolio Theory（モダン　ポートフォリオ　セオリー）の

現在ポートフォリオ理論における最小分散フロンティアと効率的フロンティア

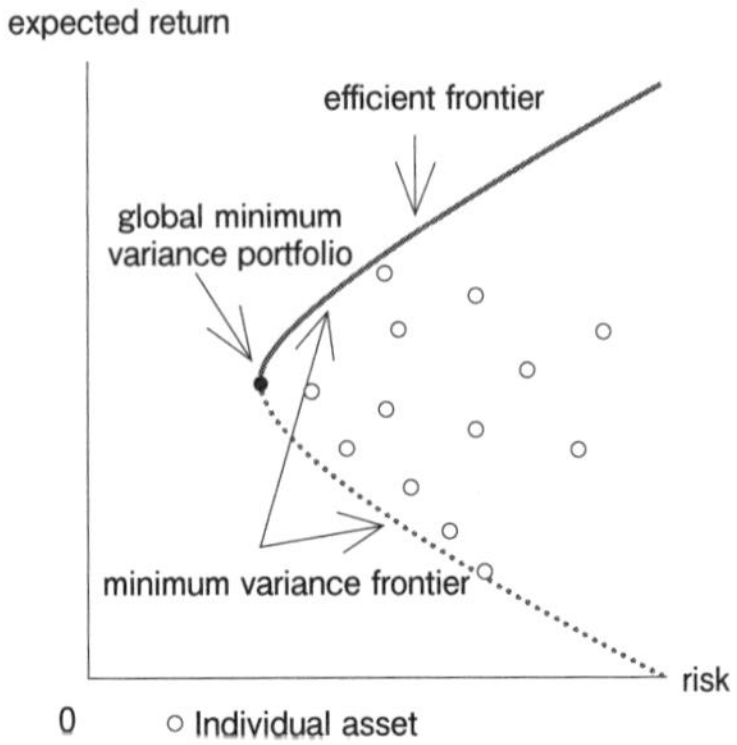

訳で、Modern Investment Theory（モダン インベストメント セオリー）ではない。

Modernについても、現代というより「近世の」とか「近代の」と訳して「近代ポートフォリオ理論」とでもしたほうがよさそうなほど、すでに歴史は古い。

筆者がこの理論を真剣に勉強し始めたのは、1988年のファンドマネージャー就任以来であるから、約30年が経過している。その後、多くの改良や反証が加えられており、数年前、定量分析を担当する部下に「大島さんの時代はマーコビッツが主流でしたよね」といわれたことさえある。それくらい歴史感があるものとはいえ、今もなお、資産運用の世界では理論の根幹をなすものであることだけは事実である。

元はといえば、1952年にHarry Max Markowitzという米国の経済学者が、金融資産への投資比率（ポートフォリオ）を決定する理論として提唱した、分散投資理論を基盤とする。

資産運用においては、価格変動リスクを抑えながら一定のリターンを期待する上では、ポートフォリオとして多数の銘柄や複数の資産に分散投資するのが有効であり、ポートフォリオ全体の価格変動リスクは、組入銘柄の個々の価格変動リスク、およびその組入比率に加え、任意の2銘柄間の値動きの連動性を表す相関係数で決まることが示されたものに始まる。この概念から、平面上に置いた任意の2銘柄間のリスク‐リターンの相関関係をプロットした、点の無限の集合体である効率的フロンティアと呼ばれるものが作図され、平均分散分析を行う投資家にとって、最適なポートフォリオは必ず効率的フロンティア上にあるという考え方が生まれた。よくある誤解で効率的フロンティアを図で示されたような曲線と思われていることが多いが、効率的フロンティアは点の集合体である。

証券アナリスト試験などでも必ず、科目「証券分析とポートフォリオ・マネジメント」の中でなんらかの形で問われるところである。

ただ、この現代投資理論には色々と仮定があり、必ずしも実務的にはそぐわないところもあるので、実際の運用の際には、色々と手を加えたり、妥協をしたりすることになる。

その1つめが、「投資家は常に合理的であり、リスク回避的である。つまり、同じ期待収益を上げられる資産ならば、よりリスクの小さいものを好む」という仮定だ。

このときにリスク計測方法として、収益率の標準偏差が使われるようになった。これは一見すると「仰る通り」と思ってしまうのだが、人間の行動は必ずしも常に合理的だとは限らない。簡単に言ってしまえば、銘柄の好き嫌いもあるし、射幸心の強弱も人によって異なり、そこに「楽しさ」という別の効用を見つける投資家もいる。

ゴルフのクラブ選びを例にとってもそれは説明できるし、また、トータルでは勝つ可能性が著しく低いパチンコ、あるいは公営ギャンブルともいえる宝くじに人気があることだけでも、それは証明できる。

2つめが「投資家は自身の投資の収益率の分布について、その平均と分散のみを考慮し、歪度や尖度といった、ほかの分布の特徴には関心を持たない」というものがある。

この平均と分散のみに着目したポートフォリオ選択理論を、平均分散分析（mean-variance analysis）と呼ぶ。これは説明がやや専門的になるが、投資対象の収益率を測定したとき、その分布が正規分布に従うという前提を持ってこないと成り立たない仮定となる。だが、統計学の教科書で勉強したように、サイコロを複数回振った場合、出た目の合計がきれい

正規分布曲線

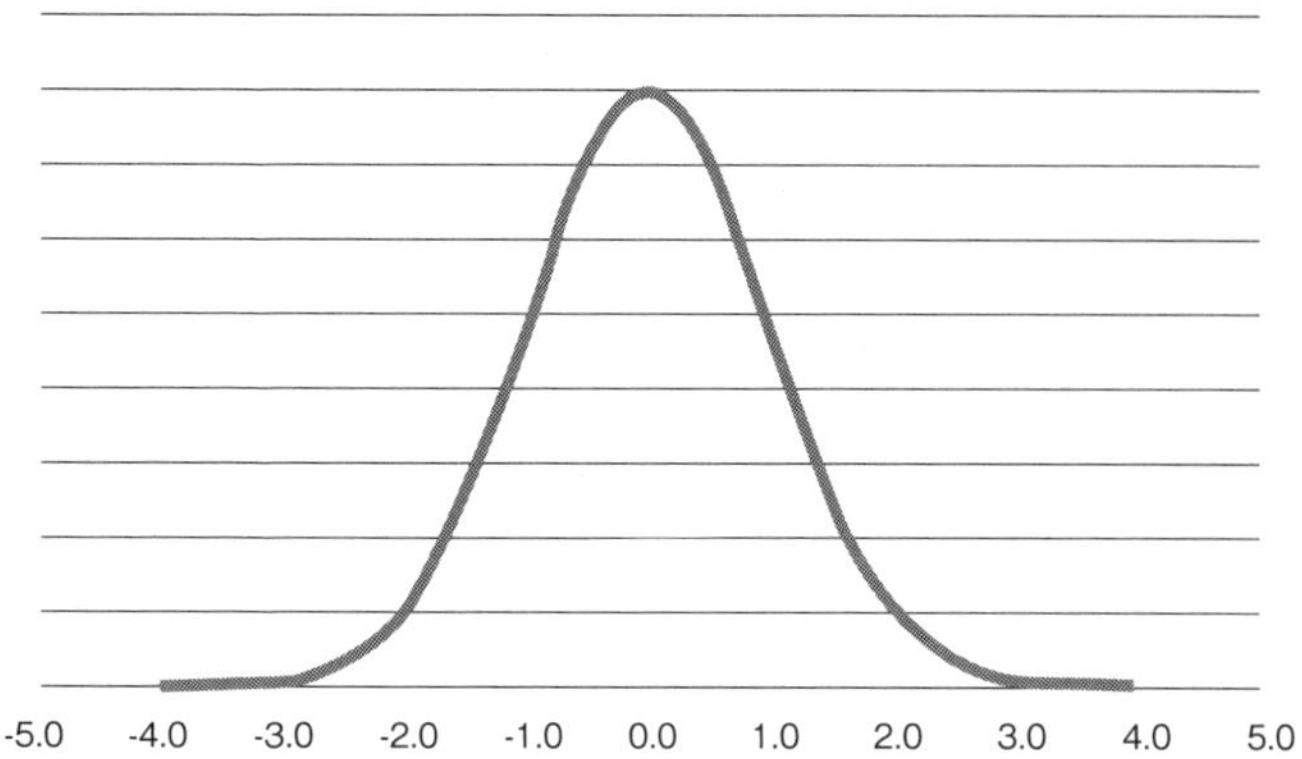

な正規分布に従うとは必ずしもいえない、また、ある学校の生徒を対象に同じ筆記試験を行ったときに、その結果は平均値を中心とした正規部分に従うとは必ずしもいえないことでも簡単に説明がつく。

しかし、理論はこうしたいくつかの前提や仮定を置かない限り、話は前に進まない。

この現代投資理論と並んで金融経済学でよく使われるものに、「効率的市場仮説」というものがある。

これは、すでに説明しているが「efficient-market hypothesis」といわれ、市場は常に完全に情報に効率的であるとする仮説である。ここでいう情報に効率的であるとは、金融市場における金融商品の価格は、常にその商品の価値を決定づけるすべての情報を即座に反映しているという意味である。

効率的市場仮説に従えば、株式取引は常にすべての情報を即座に織り込んだ公正な価格で取引されていて、投資家は株式を公正な価格よりも安く買うことも高く売ることもできないということになる。それ故に、市場の歪み、すなわち割安な銘柄を探すといった銘柄選定や、情報がじゅうぶんに市場に流布され、それが価格に織り込まれるまでの売買タイミングから市場平均以上の実績を得るのは、不可能であるという立場に立つことになる。そのため、市場が効率的であればあるほど、アクティブ運用の出る幕はなくなり、パッシブ運用が最も優れた運用という考え方になる。


この効率的市場仮説には、「ウィーク」、「セミストロング」、「ストロング」という3つのバージョンがある。

ウィーク型の仮説は、株式や債券、不動産のような取引資産の価格は過去に公開された情報をすべて反映したものであると主張する。

セミストロング型仮説は、過去に公開された情報の反映に加えて、新たに公開される情報が瞬時に価格に反映されると主張する。

ストロング型の仮説には、隠されたインサイダー情報さえも瞬時に価格に反映されるという主張がさらに加わるなどである。

もし、こうした理論に興味が湧くようであれば、ランダムウォーク仮説など、知的好奇心を満たすものはたくさんあるので、専門書を紐解く価値はじゅうぶんにある。

本書においてポイントとなる点は、これら現代投資理論や金融経済学には、多くの前提や仮定が含まれることから、実務上の応用となると、それなりに「端折る」ことが重要になるということである。

市場は決して効率的でもなければ、人間の投資行動は合理的ではない

前述した通り、市場は決して効率的ではない。端的な例が、ディーリング・ルームに行けば、例えばＢｌｏｏｍｂｅｒｇ端末やＲｅｕｔｅｒ端末、あるいはＱＵＩＣＫ端末や時事メインと言った各種情報端末が所狭しと置いてあり、そのすべてがひっきりなしに世界中の出来事や、金融商品の価格情報などをリアルタイムで報じている。翻って個人の投資家の場合、これだけインターネットが発達した時代とはいえ、無料で得られる情報には限界がある。

ネット証券の情報サービスを利用すれば、価格情報などは即時性をもって取得することもできるが、その量も厚みも有料情報の比ではない。

また、機関投資家向けには企業も四半期毎に決算説明会などを開催し、多くがインターネットで即時に同時中継されるようにもなったが、必ずしもすべての企業がそれに対応している訳ではないし、ましてや、企業側とのOne on One（1対1）の個別ミーティングには応じていない。さらに、ストラテジスト、エコノミスト、アナリストといった専門職の人の生の声をリアルタイムで聞くことは、当然不可能である。つまり、情報には明らかに格差があるということだ。

現代投資理論の父ともいわれるマーコビッツの偉業の1つは、リスクを計測する方法として、収益率の標準偏差を利用することを定石としたことである。これにより、ポートフォリオ運用に限らず、すべての金融商品の価格変動リスクを一元管理することが可能になり、また比較することが可能となった。ただし、ここにも問題点がない訳ではない。

ポートフォリオ選択理論である平均分散分析（mean-variance analysis）では、前述の通り、収益率は正規分布に従うと仮定している。つまり、プラスにもマイナスにも均等に収益率が散らばっていることを意味している。さらに、通常はその分布のおおよそ2／3が含まれる±1標準偏差をリスクと称して計算を進めるため、実際には1／3の確率でそれ以上（もしくはそれ以下）の収益率が出現することは、前提から省いた形で物事が話されている。

これは運用業界にいる人間にとっては、極めて通常のことというか、そういう前提であること自体が無言のうちに常識化しているのだが、逆にいえば、3回の内1回は想定外の結果になることを無視していると言ういい方ができない訳ではない。

つまり、そもそも収益率が正規分布しているという前提を置いた上で、さらに3回に1回の割合で出現する事象を切り捨てていることになる。

結果、実際の出来事とはかなり乖離が生じる場合がよくあるのだが、若くして定量分析にのめり込んだ商品開発担当者やファンドマネージャーの中には、この理論がすべてにおいて正しいと強弁してくる人がいるのも事実である。実は、そのエラーのときにこそ、どう対応すべきか真価が問われるのだが……。

期待リターン7％、リスク12％の意味するところ

多くの金融機関で販売されている投資信託を使ったポートフォリオ運用の提案には、モ

デルポートフォリオと、その期待リターンとリスクがイメージできるようなチャートがついている。例えば、某社の例でいえば、次のような例示がある。

1. (安定型)　期待リターン5%　リスク9%
(ア)国内株式10%、海外株式40%、海外債券35%、国内債券15%

2. (バランス型)　期待リターン7%　リスク12%
(ア)国内株式10%、海外株式20%、海外債券50%、国内債券20%

3. (積極型)　期待リターン6・5%　リスク14%
(ア)国内株式10%、海外株式60%、海外債券20%、国内債券10%

といった具合である。

投資対象としては、国内外の株式と債券の4つのアセット・クラスを利用しており、ホームカントリー・バイアスはあるものの、国際分散投資を志している1つのモデルポートフォリオである。

さて、問題はこの期待リターンとリスクの意味するところであるが、前述までの正規分布ということについて思い出してほしい。

これが標準的な現代投資理論の平均と分散モデルに従っているとすれば、すべての収益率の分布は正規分布に従い、そのリスクはその収益率から計算した±1標準偏差で示すのが常套である。

すなわち、平均すると期待リターンとなるが、2／3の確率で最大±1標準偏差で示されたリスクの加減算が行われるものが、実際の収益率となるという意味である。当然、1／3の確率で±2標準偏差（約97％がこの範囲に収まるというのが、統計学上正規分布の示すところとなる）に振れる可能性もあるということである。

逆に言えば、どんぴしゃな平均収益率に収まる可能性はそれらよりも小さく、必ずといっていいほど、よくもなれば、悪くもなる可能性をはらんでいるということである。

ちなみに前述の場合で考えてみよう。

（ア）として、発生確率2／3の±1標準偏差の場合を想定し、（イ）として発生確率1／3の±2標準偏差の場合を計算してみると、実際のリターンはそれぞれ次のレンジの中に収まることが「普通に起きる当然の結果」ということになる。この範囲に結果が収まっていれば、金融機関側はなんとでも言い訳ができるといっても差し支えない。

1.（安定型）　期待リターン5％　リスク9％
（ア）±1標準偏差　マイナス4％≦X1≦プラス14％
（イ）±2標準偏差　マイナス13％≦X2≦プラス23％

2.（バランス型）　期待リターン7％　リスク12％
（ア）±1標準偏差　マイナス5％≦Y1≦プラス19％
（イ）±2標準偏差　マイナス17％≦Y2≦プラス31

3.（積極型）　期待リターン6・5％　リスク14％
（ア）±1標準偏差　マイナス7・5％≦Z1≦プラス20・5％
（イ）±2標準偏差　マイナス29％≦Z2≦プラス34・5

残念なことに、人間の合理性というのは投資成果の効用について、数学的に示すようにプラス側、すなわち儲けが出たときと、マイナス側、すなわち損失が出たときでは均等なものではない。言い換えれば、10000円儲けが出たときと、10000円損失が出たときの精神的なインパクトは同一ではないということだ。

ただ残念ながら、一般的な平均分散型のモデルでこれらを計算するとき、その効用については等しいものとしてすべての計算が進む。これが金融経済学や現代投資理論には仮定条件が多くて、道標を示すものとしては便利である一方、実務的には必ずしも満足いくものではないという意味である。

ただ幸いなことに、昨今の先進的な欧米のプライベートバンクのような金融機関において、行動経済学を取り入れることにより、これらの修正を試みていることは事実である。例えば、前述のように、利益も損失もその効用は一緒という前提を覆して、そのファクターをもモデルポートフォリオを最適化するに際して織り込んでいるということである。実際に、筆者が前職でお客様に提案していたときのモデルポートフォリオには、その考えが導入されており、単純に前述のような計算はできないようなものとなっていた。

ファンドのよし悪しを判断する上で、ファンド・コンサルティング会社などがよく使う指標にシャープ・レシオと呼ばれるものや、インフォメーション・レシオと呼ばれるものがあるということはすでに述べたが、ここであらためて内容をもう一度見直してみる。

シャープ・レシオとは、物の本によれば「リスク（標準偏差）1単位当たりの超過リターン（リスクゼロでも得られるリターンを上回った超過収益）を測るもので、この数値が高いほど、リスクをとったことによって得られた超過リターンが高いこと（効率よく収益が得られたこと）を意味します。異なる投資対象を比較する際に、同じリスクなら、どちらのリターンが高いかを考えるときに役立ちます。このシャープ・レシオは、リスク調整後のリターンを測るものとして、投資信託の運用実績の評価などにも利用されます」とある。

式で表すと

$$\text{シャープ・レシオ}=\frac{\text{ポートフォリオの収益率}-\text{無リスク資産の収益率}}{\text{ポートフォリオの収益率の標準偏差}}$$

というような表現になる。これはあくまでファンドの過去の収益率とその標準偏差を利用するので、過去においての運用実績評価の方法としては、一つの参考になることは間違いないが、これを唯一絶対のもののように、判断に使えるかどうかは読者の判断に委ねる。

同様に、アクティブ運用のファンドの実績評価をするのに使われる指標に、インフォメーション・レシオというのがある。

これはアクティブ運用の実績が、ベンチマークのリターンとどの程度の差（アクティブ・リターン）が生じたのか、その平均を取り、このアクティブ・リターンの標準偏差（トラッキング・エラー）で割って計算する。つまり、ベンチマークよりいいリターンを得るために、どれだけのリスクをとったかが計算されるとされているが、基本となるのはここでも標準偏差という考え方である。

ならば、標準偏差が問題なのかという議論にもなりかねない。それはイエスでもあり、ノーでもある。ポイントは標準偏差を計算するためのデータが何個あったかである。

数学的にはデータが2つあれば、理屈としては平均値も標準偏差も計算できるが、それではまったく意味がない。週次のデータで言えば、1年分で52個、月次のデータで言えば、1年分で12個である。週次データ3年分で156個がいいのか、月次で36個がいいのか、あるいは5年分の月次データ60個がいいのか、10年分の120個がいいのかなど、これは非常に悩ましいところである。

実際、筆者がクォンツ運用を担当していたころ、多くのモデル開発に際して、一番悩ましかった問題の一つがこれである。長過ぎても短過ぎても、あるいは頻度が高くても、低くても、それぞれに一長一短のデータ分析結果となる。結論として、どの頻度でどの期間のデータを採用するかというのは、試行錯誤の上で判断することになる。AI技術が盛んに喧伝されてはいるが、今現在、この問題をAIが自ら解決したという話は、筆者の耳には届いていない。

第二章

投資信託の誤解

（金融機関編）

I　金融機関がお客様本位という誤解

ポイント

(A)　販売員はお客様にではなく、その通帳の中身に笑顔を見せている

(B)　お客様が商品を売買してくれないと収益が上がらない販売員

金融庁が顧客本位の業務運営に原則を訴える意味

多くの金融機関が、「お客様本位」とか「顧客第一主義」という標語を掲げて、頭取や社長の挨拶文を自社のWebサイトに堂々と掲載するようになって久しい。当然のごとく、それ以前から株主総会招集通知に同封されている営業報告書やアニュアルレポートなどには、そうした美辞麗句が並んでいた。

しかし、金融機関が文字通り「お客様本位」「顧客第一主義」の営業をかねてから継続してきていたなら、これからお話しするような金融庁からのお達しはなかったであろう。

すなわち、それが全〝金融事業者〟向けに出状された「フィデューシャリー・デューティー宣言」であり、機関投資家向けに出状された「スチュワードシップ・コード」である。

「フィデューシャリー・デューティー宣言」

平成28年4月19日の金融審議会総会において、金融担当大臣より、「情報技術の進展、その他の市場・取引所を取り巻く環境の変化を踏まえ、経済の持続的な成長、および国民の安定的な資産形成を支えるべく、日本の市場・取引所を巡る諸問題について、幅広く検討を行うこと」との諮問が行われた。この諮問を受けて、金融審議会に市場ワーキング・グループが設置され、国民の安定的な資産形成と顧客本位の業務運営等について審議が行われ、平成29年3月30日付で、金融庁より「顧客本位の業務運営に関する原則」が出状され、いわゆる「フィデューシャリー・デューティー宣言」を、各金融事業者が発布することが求められた。

天邪鬼な人から見れば、「今ごろになって当局が各金融業者に『顧客本位の業務運営をしろ』と求めるとは、今まではどうなっていたんだ」と訝ってしまうかもしれない。まさにその通りであり、金融庁から出状された書面「顧客本位の業務運営に関する原則」（http://

www.fsa.go.jp/news/28/20170330-1/02.pdf）を見れば、その経緯、および背景から詳しく書かれていて、その疑念が正しいことがわかるので、一読する価値はあるかもしれない。特に読者の中で、金融事業者の従事者で、未だ一読もされたことがないかたは、ぜひこの機会に一読されることをお勧めする。

さて、「フィデューシャリー：Fiduciary」とはなにかの説明が必要かと思われるが、直訳すると「受託者」、もしくは「被信託人」であり、「デューティー：Duty」とは責任であるので、「フィデューシャリー・デューティー」をそのまま翻訳してしまうと「受託者責任」ということになる。ただ、信託業の受託者責任を規定するものとして信託法、信託業法、あるいは民法等において「忠実義務等」や「善管注意義務」が規定されているので、それらと重複しかねない。

しかし、今般、金融庁が打ち出した「フィデューシャリー・デューティー」とは、「欧米等でも近時ではより広く、他者の信認に応えるべく、一定の任務を遂行する者が負うべき、幅広いさまざまな役割・責任の総称として用いる動きが広がっている」ということを背景として、あらためて片仮名で再定義をし直すような形で各金融事業者に求めてきたものである。ここであえて各金融機関といわず、各「金融事業者」としているのも、「金融商品の販売、助言、商品開発、資産管理、運用等を行うすべての金融機関等が幅広く『金融事業者』に該当するとし、あえて用語を定義せず、インベストメント・チェーンに関わるものが幅広く採択することを期待している」からである。

原文を見ていただければわかるが、多くの個所であえて片仮名が使われているのは、既存の日本語の類似語、もしくは同義語との混同を避けるためだと思われるが、とにかく、片仮名での表記が多い。

その代表例の1つとして、「プリンシプルベース・アプローチ」という言い方がある。これは従来型のルールベース、すなわち、規則や規定で限定すると、その隙間を擦り抜けるような輩が出てきたり、また、あまりにも詳細にして上から押しつける形になる可能性があることを排除しようとしたものと思われる。「プリンシプルベース・アプローチ」とは、金融庁があくまで「原則」を策定し、その詳細のアクションプランなどは各金融事業者が自主的に作成することに任せるという方法である。

こうした前提で、金融庁が各金融事業者に「フィデューシャリー・デューティー宣言」を求めた背景は、貯蓄から投資へという流れを起こそうとしても、日本ではなかなかこの流れが起こらないことが1つあげられるだろう。実際、日本の家計資産の株式・投信等への投資割合は2015年ではまだ18・8％であり、アメリカの45・4％、イギリス35・7％と比較すると著しく低い。

そもそも、日本は戦後貯蓄を優先してきたという事実も否めないが、それに加えて昨今の金融機関の営業方法や営業姿勢によるものが大きいという指摘は免れまい。平たくいえば、お客様本位と言いつつ、収益至上主義に走って顧客がないがしろにされている面が多々あったということである。事実、過去に資産運用の経験があるにもかかわらず、現在は行っていない人の内66％は「元本割れの可能性のあるものには手を出さない」と答えている。

ここでもう少し具体的に、金融庁が各金融事業者に「顧客本位の業務運営に関する原則」として何を求めたのかを見てみよう。そこには7項目に及ぶ「プリンシプル（原則）」が列挙されている。

【顧客本位の業務運営に関する方針の策定・公表等】

原則1．金融事業者は、顧客本位の業務運営を実現するための明確な方針を策定・公表するとともに、当該方針に係る取組状況を定期的に公表すべきである。当該方針は、よりよい業務運営を実現するため、定期的に見直されるべきである。

【顧客の最善の利益の追求】

原則2．金融事業者は、高度の専門性と職業倫理を保持し、顧客に対して誠実・公正に業務を行い、顧客の最善の利益を図るべきである。金融事業者は、こうした業務運営が企業文化として定着するよう努めるべきである

【利益相反の適切な管理】

原則3．金融事業者は、取引における顧客との利益相反の可能性について正確に把握し、利益相反の可能性がある場合には、当該利益相反を適切に管理すべきである。金融事業者は、そのための具体的な対応方針をあらかじめ策定すべきである。


【手数料等の明確化】

原則4．金融事業者は、名目を問わず、顧客が負担する手数料、その他の費用の詳細を、当該手数料等がどのようなサービスの対価に関するものかを含め、顧客が理解できるよう情報提供すべきである。

【重要な情報の分かりやすい提供】

原則5．金融事業者は、顧客との情報の非対称性があることを踏まえ、上記原則4に示された事項のほか、金融商品・サービスの販売・推奨等に係る重要な情報を顧客が理解できるよう分かりやすく提供すべきである

【顧客にふさわしいサービスの提供】

原則6．金融事業者は、顧客の資産状況、取引経験、知識および取引目的・ニーズを把握し、当該顧客にふさわしい金融商品・サービスの組成、販売・推奨等を行うべきである

【従業員に対する適切な動機づけの枠組み等】

原則7．金融事業者は、顧客の最善の利益を追求するための行動、顧客の公正な取扱い、利益相反の適切な管理等を促進するように設計された報酬・業績評価体系、従業員研修その他の適切な動機づけの枠組みや適切なガバナンス体制を整備すべきである

以上7項目であるが、それぞれにさらに細かい注釈がつく。それらは割愛するが、ぜひとも原文に触れてみていただきたい。どれ1つとっても、対顧客のビジネスを行う上では、

金融事業者に限らずとも〝至極当たり前のこと〟が仰々しく列挙されただけという感じが否めない。筆者も曲がりなりにも30年以上も金融業界に身を投じてきた者として、これらを一般の読者にあらためて披歴することに実は内心で赤面を禁じえない。「顔の見えるファンドマネージャー」として顔写真と氏名を公表したり、ファンド運用のディスクロージャーを全銘柄開示と拡充したり、投資信託の仕組みをじゅうぶん理解してもらおうと、過去には入門書も執筆したし、銀行の投信窓販解禁にあわせて「リスク商品に強くなる」という通信教育のテキストなども執筆してきた。そんな努力をしてきた身としては、実に痛恨の極みである。

ただ金融当局から見れば、やはりこうしたものを出状し、各金融事業者に「フィデューシャリー・デューティー宣言」をさせる必要性が、〝今現在〟でも明確に存在すると思わせるような事例が数多あふれている現実については、筆者も実は認識していた。

「スチュワードシップ・コード」

当初「フィデューシャリー・デューティー宣言」の話を聞いたとき、同じようなことを再度するのだなと筆者さえも一瞬混乱しかけた。

実は、この「フィデューシャリー・デューティー宣言」に先立つこと約3年前の平成26

年2月26日に、「スチュワードシップ・コード」というものが金融庁により策定された。

ただその施行については「本コードは、法令とは異なり、法的拘束力を有する規範ではない。本検討会は、本コードの趣旨に賛同し、これを受け入れる用意がある機関投資家に対して、その旨を表明(公表)することを期待する」として、各機関投資家の自主判断に任された。しかしながら、筆者の見解としては、NOと言える立場の機関投資家はほとんどいないと考えるが、形式上は各社の経営判断に委ねられた。

「スチュワードシップ・コード:stewardship code」とは、日本語にそのまま適した単語が見つかりづらい。

「スチュワード:steward」の意味は「執事」であり、日本にはそもそも馴染みが薄い。stewardshipのshipはフレンドシップ:friendshipのshipと同じ使い方である。よって、この「スチュワードシップ・コード:stewardship code」とは「執事のルール」ともいえるが、一般には受託者責任とか、受託者規則という日本語訳のほうが近い。

これはいわゆる「第三の矢」としての成長戦略を定める「日本再興戦略」において、「機関投資家が、対話を通じて企業の中長期的な成長を促すなど、受託者責任を果たすための原則(日本版スチュワードシップ・コード)」、すなわち「企業の持続的な成長を促す観点から、幅広い機関投資家が企業との建設的な対話を行い、適切に受託者責任を果たすための原則」としてとりまとめることが、閣議決定されたことに基づくもので、投資先企業の企業価値を向上させ、受益者のリターンを最大化する狙いのもと、機関投資家が行うべき7つの原則で構成されている。

一言でまとめてしまえば、各機関投資家に対して、「受託者たる責任感と認識をしっかりもって、きちんとした運用をしろ」という意味と解せなくもない。株主としての議決権行使に関わる各機関投資家のガイドラインも、同様にこの意を汲んで策定されている。

この「スチュワードシップ・コード」についても、平成29年5月29日に改訂版が出状されているが、機関投資家である運用機関においては、このスチュワードシップ・コードとフィデューシャリー・デューティー宣言の両方を課せられた形になっている。それだけいい加減であったとは思いたくないのだが、金融庁として安穏と見てはいられなかったのだろう。

原文を以下に列記する。

1．機関投資家は、スチュワードシップ責任を果たすための明確な方針を策定し、これを公表すべきである。

2. 機関投資家は、スチュワードシップ責任を果たす上で管理すべき利益相反について、明確な方針を策定し、これを公表すべきである。

3. 機関投資家は、投資先企業の持続的成長に向けてスチュワードシップ責任を適切に果たすため、当該企業の状況を的確に把握すべきである。

4. 機関投資家は、投資先企業との建設的な「目的を持った対話」を通じて、投資先企業と認識の共有を図るとともに、問題の改善に努めるべきである。

5. 機関投資家は、議決権の行使と行使結果の公表について明確な方針を持つとともに、議決権行使の方針については、単に形式的な判断基準にとどまるのではなく、投資先企業の持続的成長に資するものとなるよう工夫すべきである。

6. 機関投資家は、議決権の行使も含め、スチュワードシップ責任をどのように果たしているのかについて、原則として、顧客・受益者に対して定期的に報告を行うべきである。

7．機関投資家は、投資先企業の持続的成長に資するよう、投資先企業やその事業環境等に関する深い理解に基づき、当該企業との対話やスチュワードシップ活動に伴う判断を適切に行うための実力を備えるべきである

この改訂版原文のＵＲＬは下記の通りで、こちらもぜひとも一読されることをお勧めする。http://www.fsa.go.jp/news/29/singi/20170529/01.pdf

実態だけは知っておいて損はない

なぜ、こうまでしないと実態が変わらないかを端的にいえば、金融機関も民間の私企業であり、経営者は株主を含む多くのステークホルダーに対して責任を持っているからだ。そもそも、「お客様だけを第一主義」とするとした段階で、美辞麗句の口先だけの話というのが浮き彫りになってしまっている。民間企業が各ステークホルダーと本来どう関わるべきか、その正しい見本となるのは、米国のジョンソン・エンド・ジョンソン社が掲げる「Our Credo（我が信条）」がよい参考になると思われる。

経営者は、このすべてのステークホルダーに対して、優れたバランス感覚をもって、それぞれに対して責任を果たしていかなければならないということが示されている。同社の米国・ニュージャージー州の本社前には、それが石碑となって建立されているが、企業調査で初めて訪問した1998年、すでにこれだけの「Our Credo（我が信条）」を本社前に堂々と示す米国企業の姿に、強い感銘を受けたことを鮮明に覚えている。

Johnson & Johnson「Our Credo（我が信条）」より

Ⅰ．我々の第一の責任は、我々の製品、およびサービスを使用してくる医師、看護師、患者、そして母親、父親をはじめとする、すべての顧客に対するものと確信する。顧客一人ひとりのニーズに応えるにあたり、我々の行うすべての活動は質的に高い水準のものでなければならない。（以下略）

Ⅱ．我々の第二の責任は全社員―世界中でともに働く男性も女性も―に対するものである。社員一人ひとりは個人として尊重され、その尊厳と価値が認められなくてはならない（以下略）

Ⅲ．我々の第三の責任は、我々が生活し、働いている地域社会、さらには全世界の共同社会に対するものである。我々はよき市民として、有益な社会事業、および福祉に貢献

し、適切な租税を負担しなければならない。（以下略）

Ⅳ．我々の第四の、そして最後の責任は、会社の株主に対するものである。事業は健全な利益を生まなければならない。（以下略）

（原文はhttps://www.jnj.co.jp/group/credo/index.html）

顧客が一番上に書いてはあるが、顧客に対する責務こそが圧倒的に強いという印象はなく、社員、地域社会、そして株主に対してもきちんとその責任を果たすべきだと記されている。余談だが、日本の企業の場合、これにプラス「会社」が最上位に入るような気がする。この違いが社員に対する収益分配率の違い、すなわち報酬水準の違いとなって如実に表れる。

さて日本の金融機関、いや各金融事業者の今までの現実はどうかといえば、間違いなく実態として最上位にその「会社」が来ていたと断言できる。その下位がどういう序列かは非常に分かりにくく、もしかすると横並びかもしれない。となると、「会社」の下に「Our Credo（我が信条）」が来ると考えるとスッキリするかもしれない。だからこそ、まずは企業収益と内部留保を最優先する。ただその後の分配についてはあまりとやかく言わない文化が、日本では生まれたのかもしれない。

金融機関に限らずとも、まず間違いなく小口よりも大口が優遇されるのは確かであろう。きれいごとを言っても仕方がない。どんな職種の営業マンも、お客様と友人関係を築きたくて近づいてくる訳ではなく、それは間違いなく商品を買ってもらって売上が欲しいからだ。病院でさえ、裏では診療報酬を「売上」という表現でそれを伸ばすとか増やすというのだから、これは当然の話。医は仁術などというのは、一部の例外を除けば、基本的には遠い昔の話だ。ならば、金融機関の営業員が「投資信託談義」がしたくて、満面の笑顔を貴兄／貴女の前で浮かべている訳ではないことも、当然おわかりいただけるであろう。

特にブローキングは最たるもので、「預かり残高×なにがしかの料率」がその営業員の勝利の方程式（収益などの人事評価項目）でない場合、すなわち年間コンサルティング料のような固定性の売上を取る営業員でない以上、顧客が何かを買う（売る）ことにより「手数料が生じる」取引をしてくれることをひたすら願って笑顔を振りまいているのが現実だ。

似た例をあげるならば、映画『プリティ・ウーマン』のホテルマンとジュリア・ロバーツやリチャード・ギアとのやり取りのシーンがあげられる。

ルームサービスで頼んだシャンパンとストロベリーを、ホテルのボーイが部屋まで持ってくる。ボーイは満面の笑みをうかべている。チップという制度になれていないジュリア・ロバーツは、なぜボーイがシャンパンを置いた後も、ただその笑顔のまま突っ立っているのかわからない。チップに気がついたリチャード・ギアがボーイにチップを渡すと、彼は「サンキュー」といいながら一目散に部屋を出て行った、あのシーンと根っこはまったく同じである。

あの笑顔はお客様にではなくチップのドル札に向けられているのだ。だから、本当は金融機関の営業員にはお茶も茶菓子も何もいらない。ただサクサクと伝票に、なるたけ大きな金額（解約は別）と署名捺印だけしてあげれば、きっと彼らは大喜びしてとっとと退散するはず。日誌に「○○様宅でお茶とお茶菓子をご馳走になって、1時間も歓談」と書いただけでは、彼の成績にはびた一文ならない。上司に時間の無駄としっ責されるだけ、ということは覚えておいてほしい。

だからこそ、少しでも料率の高い商品、手数料が稼げる商品を金融機関は推奨してきたのである。その証左が、投資信託の信託報酬に示されている。詳細は後述するが、現在売れ筋の投資信託では、信託報酬の内訳で販売会社の取り分が運用会社のそれを上回っている。

販売手数料をとらないノーロード型ならまだしも、販売手数料をとるタイプのファンドでも、販売会社のほうが圧倒的に高くなっている場合が多い。ファンドが販売された後、販売会社の手間は何か考えてみてほしい。運用会社は当然そこからが仕事であり、リサーチをし、投資判断をし、運用報告をし、決算を行う。それらのコストをすべて信託報酬の内の運用会社分、目論見書上には「委託会社」として記載されているシェア分だけが売上となる。

実は、この信託報酬の分割割合、筆者が「さくら日本株オープン」や「さくら株式アナライザー・オープン」を設計したころ（１９９０年代中頃）は、運用会社のほうが高いか、もしくは同水準だった。それがいつの間にか、販売会社の立場が強くなるにつれ、その按分比率まで逆転してしまったということだ。「フィデューシャリー・デューティー宣言」がなされた現在、若干その方向性に変化の兆しがあるが実は全体をかさ上げして帳尻合わせをしているケースが多い。すなわち信託報酬総額が引き上げられている。これでは、本当の意義は何なのか、ときどき疑問に思うことがある。

参考までに両ファンドの信託報酬の内訳を記載するので、お手もとのほかのファンドと比較（悪い例は例示しにくいので）してみてほしい。きっと、総額でも比率でも、今のファンドのほうが、販売会社が欲深いはずである。

「さくら日本株オープン」（現 三井住友・日本株オープン）
信託報酬合計0・864％（税抜き0・8％）委託（運用）会社　年0・4％　販売会社年0・3％　受託会社年0・1％（以上税抜き）

「さくら株式アナライザー・オープン」（現 三井住友・株式アナライザー・オープン）
信託報酬合計1・08％（税抜き1・0％）委託（運用）会社　年0・45％　販売会社　年0・45％　受託会社年0・1％（以上税抜き）

Ⅱ　運用者と証券会社はすぐ癒着して不正を働くという誤解

ポイント

(A) ファンドマネージャーと証券会社の営業マンが電話以外で話してはいけなくなった現状

(B) かつてはファンドマネージャーが自ら発注した。市場からどんどん遠ざけられるファンドマネージャーに、最新のよい市場状況が伝わる訳がない

(C) ファンドマネージャーも証券マンも人の子、誰にファーストコールをかけるか

(D) 電話録音に堪えられない内容だからといって、必ずしもインサイダー取引などの不正を誘発しない

(E) 人間関係から生まれる取引効率の向上

市場関係者をとり巻く「性悪説」で見る目

先日、古くから付き合いのある某外資系証券会社のセールスヘッドと夕食をしていたときのこと。急に、彼が「やっぱり昔はよかったなぁ」と思い出すように言い出した。かつて彼と筆者とは「担当のリサーチ・セールスとファンドマネージャー」との間柄、つまり、担当営業マンと顧客の関係であった。そして、よく仕事帰りに2人で飲みに行った。日中にオフィス間で、あれほど電話越しで話をしておきながら、お互いそれぞれに仕事が終わると待ち合わせて、酒を酌み交わしながら、色々なことを話し合った。

当然、仕事の話ばかりではなく、プライベートも話せば、愚痴も言い合う。筆者が「最近、どうもマーケットが読めない」と愚痴れば、「ほかのファンドマネージャーも同じみたいですよ」と励ましてくれたり、「今度、米国出張に行かれるときに、向こうのストラテジストとのミーティングをセットしましょうか」などと提案してくれたり、侃々諤々市場の見方について口角泡を飛ばす勢いで議論をしたりと、同じ「マーケット」という超巨大な敵と戦う戦友という感覚だった。だから今でも、SNSで話をしたり、ときどき夕食をともにしたりといい関係が続いている。当然、今では何の利害関係もない、ただの古い友人としての付き合いだ。

その彼いわく、最近は営業担当者はファンドマネージャーと電話では話せるけど、直接会って話すことは運用会社のコンプライアンスの問題でできなくなったという。

アナリストや投資先企業の関係者を帯同して運用会社を訪ねても、営業担当者はミーティングルームの外で待たされ、中に入って一緒に話をすることさえ許されないそうだ。

ましてや、業務後に一緒に食事をしたり、飲んだりするなんてありえないという。彼とは前述のような付き合いをして、ともにマーケットと戦ってきた。筆者にはそうした戦友がたくさんいた。

だからこそ、何かマーケットにインパクトのある事態がどこかで発生したとき、彼らは、イの一番に私にファーストコールをくれた。人間一度に電話をかけられる相手は1人しかいない。その最初の1人目に思い出してもらえることの大切さは、どんなにインターネットが普及し、瞬時に情報が行き渡る時代になっても、市場業務に携わる者にとって、一番大事なことだ。そうした人間関係を、何の理由からか昨今は許されなくなってしまったらしい。

最近は同じ会社の社員同士の飲み会でさえも、「二次会禁止」を掲げる金融機関が増えてきているが、ファンドマネージャーと営業担当者が食事や飲み会だけでなく、電話以外では直接会話ができないなんていうのは、実に末期的な症状だと思ってしまう。

もしそこに、「コンプライアンス重視」などという大義名分があるとしたら、それこそ大間違いだ。おそらく、そこには接待・被接待の問題があり、過去にはこの業界でファンドマネージャーと証券会社の営業担当者との間で癒着があり、金品の授受で逮捕者が出たことなどが遠因となっているのだろう。

もともと、この金融業界は人間を「性悪説」でとらえる癖がある。放し飼いにしていたら、何をしでかすかわからないという人たちの集まりらしい。でも、実際にそうした事故を起こす輩は特殊なごく一部であり、「飲みニケーション」の重要性を少なくとも筆者は重んじてきた。筆者は「性善説」でどうしても人を見てしまう癖があるので、確かにそれが理由で痛い目に遭ったことは一度ならずとある。

しかし、ファンドマネージャーと証券会社の営業担当者の間が、あたかもガラス越しのインターホンでしか会話できない面会人と囚人のごとき扱いになってきている現状は、あまりにも行き過ぎていると思う。せっかく金融庁の昨今の流れ、これがプリンシプルベースとなったにもかかわらず、運用の現場はすべてルールベースで禁止としてしまうようである。

AIがすべてのファンドマネージャーにとって代わるのならまだしも、これでは得られる情報も限られ、緊急時の対応だって遅れかねない。そのしわ寄せは、すべて投資家にパフォーマンスの悪化として帰結する。世も末である。

トレーダー制が招いた弊害

ファンドマネージャーと業者との癒着を懸念しての動きといえば、トレーダー制の導入もあげられる。

トレーダー制とは、証券の売買執行に際し、運用会社が最良執行を行うためという名目で1990年代の中ごろから、主に決められた形の商いの仕方が多い年金基金の運用部門から導入された制度で、言うなれば証券会社に発注することを専門とする人たちである。

確かに、年間数百社に及ぶ投資先を回り、販売現場でお客様向けの運用報告会をこなし、ポジション構築の計算をし、などと考えたら、ファンドマネージャーが直接発注することは非合理的で無駄な作業と思われてしまうのかもしれない。忙しいからと、なかには（性悪説でとらえると）片手間発注で「適当にやっておいて」としたり、細かい指値をせずに「全部成り行きで行って」と発注したりする輩もいるのかもしれない。

しかし、実際には2000年代の初めまで、ファンドマネージャーは発注も自ら行っていた。筆者に限っていえば、後述するファンドマネージャーとしてのこだわりもあり、2003年の途中までは、自ら発注を行っていた。

大口の追加・解約に伴う機械的なオペレーションのような部分は、チームの部下に任せるときもあったが、新規銘柄を組み入れる場合だったり、損切りをしたりするときなど、いわゆる「肝心なとき」は、可能な限り自ら証券会社のディーリング・デスクに電話して売買発注を執行していた。

それには、自分なりにファンドマネージャーとしてのこだわりがあり、意味があった。

それは発注することこそ、ファンドマネージャーがマーケットとつながり、その場況、すなわち板を見たり、値段のつき方、出来の具合を知ったりすることで、市場の息吹、市場のエネルギーを感じることができる本当の行為だからだ。

また、電話を通じて伝わってくる証券会社のディーリング・ルームの音こそ、そのときどきの市場の強弱感を臨場感とともに伝えてくれる。相手の担当者がワンコールで呼び出せるときもあれば、話し中のため、担当者以外に電話が回るときもある。ときには、電話の向こうで誰か外国人ディーラー（裁定取引を証券会社の自己ポジションで行っていたりする）が、雄叫びを上げているときもあった。そんな臨場感は、アクティブ運用のファンドマネージャーにとってマーケットのそのときどきの息吹を知るために、必要不可欠な要素だ。

東京証券取引所から場立ちがいなくなり、すべてがシステム発注に変わり、また、株式の板をネット証券で個人投資家でも見られるようになった昨今でさえ、本質的に市場とつながっている証券会社のディーリング・ルームと、運用会社のそれとは意味が違う。

運用会社のディーリング・ルームは、実に「シーン」と静まりかえっている。証券会社から転職してきた者が最初に驚くのがその静けさだ。実際、筆者の部下が着任早々、「大きな声を出したらいけないんですか?」と聞いてきたことがある。だから、市場が悪いときの筆者の高笑いは、部屋中によく響いたものだ。逆に、場中の証券会社のディーリング・ルームは、まるで動物園か遊園地の喧噪だ。

かつては、引け後に証券会社のディーリング・ルームにファンドマネージャーが遊びに行って、中に入れてもらえることもよくあった。筆者の当日のトレードを覚えている外国人ディーラーが、「Good job!! Well done!!」などと言ってくれることもあった。何年も前から立ち入り禁止になってしまったが……。

だが、発注権を握ると善悪の見境がなくなる輩は、政治の世界に限らずどの世界にもいるようで、発注権という利権を巡ってのスキャンダルは、確かに年々なぜか多くなっていった。

それは発注手数料の自由化が始まり、証券会社も薄利多売になり、少しでも多くの注文をとろうという証券会社と、発注先選定の権限を有する者というファンドマネージャーの利権が微妙に悪の道へと誘ったのかもしれない。大量発注の見返りに金品の授受が行われた事例が、世の中を騒がすことが何度かあった。結局、それは前述の接待・被接待の関係と同じことなのだが。

実は余談になるが、筆者は自社の接待費で証券会社の営業担当者やアナリストを接待したことが幾度となくある。また、自分の担当するファンドがパフォーマンス良好で、頭取賞をもらって金一封をちょうだいしたことがあった。そのときの金一封は、日ごろお世話になっている証券会社の営業担当者やアナリストたちをレストランに招待して、お披露目パーティー兼御礼の会の費用として全額一晩で使ってしまった。まさかその翌月にその分の所得税が給与から天引きされるなど夢にも思わず「この受賞は皆さんの日ごろのサポートあっての賜物です」と、心から大盤振る舞いした。それがおかしなことだとは未だに微塵も思っていない。

そうした現場の想いとは別に、ファンドマネージャーと〝業者〟の癒着という観点は、性悪説の金融業界では根強く、実際にどんぴしゃの悪者がときどき出たりもした。そうしたことを背景に、徐々に証券会社の発注は年金運用のチームからトレーダー制へと移行していった。

しかし、筆者は最後の最後まで戦って、自ら発注することにこだわり続けたが、最後は社長室に呼び出されて延々と理を解かれ、トレーダー制への移行を承諾した。確かに、リサーチもしなければならないし、勉強会や運用報告会もしなければならない。発注作業はトレーダーに任せたほうがよほど現場作業は楽になるし、就労時間そのものも減らせることだけは明らかだった。

そしてなにより、いらぬ嫌疑をかけられて色眼鏡で見られることもなかったであろう。

事実、筆者が自己発注にこだわったこと、トレーダー制移行を承服しないことを、「大島はＡＢＣ証券と癒着して金銭をもらっているに違いない」と、陰でまことしやかにささやかれていたことも知っている。それを教えてくれたのも、こっちの会社内の噂を小耳に挟んだ証券会社の仲間からだった。そして、「大島の職人気質は痛いほどわかるけど、サラリーマンである以上、そろそろ長いものには巻かれたほうがいいよ」と諭してくれたのも、やはり証券会社の仲間だった。

業界内に幅広いネットワークを作っていただけに、よくも悪くも「世の中で起きている四方山話」は聞こうとしなくても、こうして自動的に耳に入ってきた。だからといって、誤解しないでほしいのだが、この業界で30年以上も過ごしながら、ただの一度たりとも、いわゆる「インサイダー情報」に類するものには出合ったことがない。

そういうことに感性が鈍そうな、あるいは危険な香りのする証券会社の営業担当者は、周りに近づけなかったし、また、業界の仲間が筆者の周りにそういった不純な輩を近づけないようにもしてくれていた。

「インサイダー取引は必ず足がつく」というのは、「銀行でお金をくすねたら絶対にばれる」というのと同じだ。証券取引等監視委員会の調べ方を証券籍だったときに知ったが、決して逃げられるものではない。

だから、以前ニュースになった「偶然聞いてしまったんですよね。あれってインサイダー取引になるんですか」と開き直った元通産官僚の自称ファンドマネージャーがいたが、とても信じられなかった。よほど脇が甘かったか、誰かにはめられたか、意図的で故意に情報をとりに行ったとしか考えられない。

電話はすべて録音されている

これは癒着とか、ダーティーな話とはかかわりなく、ファンドマネージャーが使う電話はすべて録音されているし、相手先の証券会社の電話も録音されている。

それは、電話のやりとりだけで数億円、数十億円のお金を動かす仕事なので、なんらかの発注ミスがあったときにその内容を確認するためであり、また、発注自体を記録するためである。実際に誤発注があり、再生して聞き直したことも一度ならずある。

これは、筆者がデビュー当時から変わらない。また、運用会社側だけでなく、証券会社側の電話も録音されているので、双方が意図的に個人の携帯電話ででも話そうとしない限り、すべての会話はどこかのレコーダーに録音されている。それに、その昔は携帯電話などなかった。最近は会社貸与の携帯電話があり、やはりこれも録音されているので、まさに意図的に録音を回避しようとしない限りは、ファンドマネージャーと証券会社の人間との会話は原則的にすべてどこかに記録が残っている。

さて、電話以外で直接会って証券会社の営業担当者と会話することもままならず、その一方で発注を直接することもできず、唯一使えるコミュニケーション手段の電話はすべて完全録音されているのがファンドマネージャーに与えられている現在の環境だとしたら、正直、今のファンドマネージャーのパフォーマンスは今の技術レベルのＡＩにも負けるかもしれない。

ＡＩはビッグデータをスクリーニングしたり、マイニングしたりすることが得意だ。膨大な数のレポートや、新聞記事、経済統計発表などの収集、分析を、文句の一つも言わずに24時間ひたすら黙々と続けてくれる。これを今の環境でファンドマネージャーが１人でやろうと思ったらきっと無理がある。絶対勝てますという言い分には、弱点を指摘しうる。

しかし、かつてはこれらを人間が行っていた。取引のある証券会社の営業担当者の後ろには、各社のアナリストやストラテジストたちがいて、彼らがレポートを書く前にも朝会やカフェテリアでの談話でそれを聞くことができ、優秀な営業担当者であればあるほど、自社のどこのどのリソースが、今の市場には有益かを判断する能力があり、それらを仕入れては、まず一番仲のいいファンドマネージャーにファーストコールとして電話する。データは大きければいいというものではない。

また一番肝心な点は、証券会社の営業担当者、証券会社のアナリストたちは、たくさんの顧客に同じ話を順番は違ってもすることで、顧客、すなわち各社のファンドマネージャーの反応、何にどうビビッと反応したかを知っているということだ。これは、ＡＩには当分できないことだ。

「ＸＹＺ自動車の新技術、面白いみたいですよ」といったときに、運用側のファンドマネージャーがどう反応するかは、実は極めてホットな重要な情報だ。それを自分なりに咀嚼して、自社のアナリストに還元して追加の話を聞きだしたり、次のデータマイニングに使い、そしてまた顧客に還元したりする。

そういう優秀な証券会社の営業担当者とクリーンな意味で昵懇であることができれば、そして、そういう人があっちこっちの有力証券会社にいれば、ファンドマネージャーがもらえるファーストコールの内容は、すばらしく充実したものになる。しかし、性悪説で見る習慣からか、今の運用業界はこの関係をドンドンないものにしてきてしまった。だから、アクティブ運用のパフォーマンスが振るわなくなり、ＡＩが注目されるのだという穿った見方ができない訳でもない。

第四章

投資信託の誤解（個人編）

I　投資信託は積立で行うのがよいという誤解

ポイント

（A）ドルコスト平均法は、基本的に市場が一本調子の右肩上がりのときに有効であり、80年代バブル崩壊前に金融業界に入った人の社員持ち株会（ドルコスト平均法の典型）で含み益が出ている人はまずいないという事実

（B）コモディティのように、短期的なサイクルで変動する場合に、ドルコスト平均法はワークしない

（C）タイミングを計る必要がなく、途中で諦めることがなく買い続けられるのは、どこかで戻るという前提だから。積み立てを始めたときより高くなるまで、投資を止められない

つみたてNISA導入の背景

平成30年1月から「つみたてNISA」が始まる。年間40万円まで、20年間にわたって積立合計800万円に関する運用収益を非課税にするという制度だが、「貯蓄から投資へ」という流れが日本でなかなか本格化しない中で、何とか個人金融資産を投資の世界へ誘おうとするための国をあげての施策である。

年間40万円までの枠しかなく、20年間と超長期だ。

「こんなの利用する人いる訳ないよ」という批判のほうが、現時点では多いかもしれない。それはおそらく、その背景にある理由について、合理的に数値を使って説明を受けた人が少ないからではないか。あるいは、メディアや報道によって「すでにNISAが登場しているのに、なぜさらにこの制度が必要なのか」ということが正しく説明された機会は少ないからではないか。

しかし、その背景を知れば、そんな批判は一瞬にして消えると思う。また、もし平成29年10月の衆議院選挙のときに、政権争いの抽象的な議論ばかりでなく、この背景となったような日本の個人金融資産の状況や展望を具体的に説明する候補がいたなら、きっとその候補者はより多くの票を集められたのではないかと思ってしまう。

金融庁の資料によれば、日本の家計金融資産（約１７００兆円：15年末）の52％（約９００兆円）が現金・預金に滞留しており、米英に比べ株式・投信等の割合が低いということは前述もしたし、多くのメディアや報道などでも見聞するところであるが、結果として家計金融資産の伸びが米英に比べて低く、運用による増加にも大きな差が生じているということは、あまり知られていないように思う。

改めて言われれば、「そりゃそうだ」ということに違いない事実だが、まずこれが政府として対応策を考えないとならないと真剣に思わせた理由の一つであることは次のチャートを見れば一目瞭然で合点がいく。個人金融資産だって、当然国富なのだから。

家計金融資産に占める株式・投資信託の割合を国別に確認すると、米国が45・4％と最も多く、次いで英国が35・7％。それに比べて日本はわずか18・8％でしかない。つまり、米国の約１／３、英国の約半分である。

その結果、チャートにある通り、１９９５年から２０１５年末まで20年間の家計金融資産の推移に大きな違いが出てきている。米国は運用リターンによる金融資産の推移が１９９５年比で３・11倍に、英国は１９９７年からの統計になるが、それでも２・27倍に

各国の家計金融資産構成比と推移

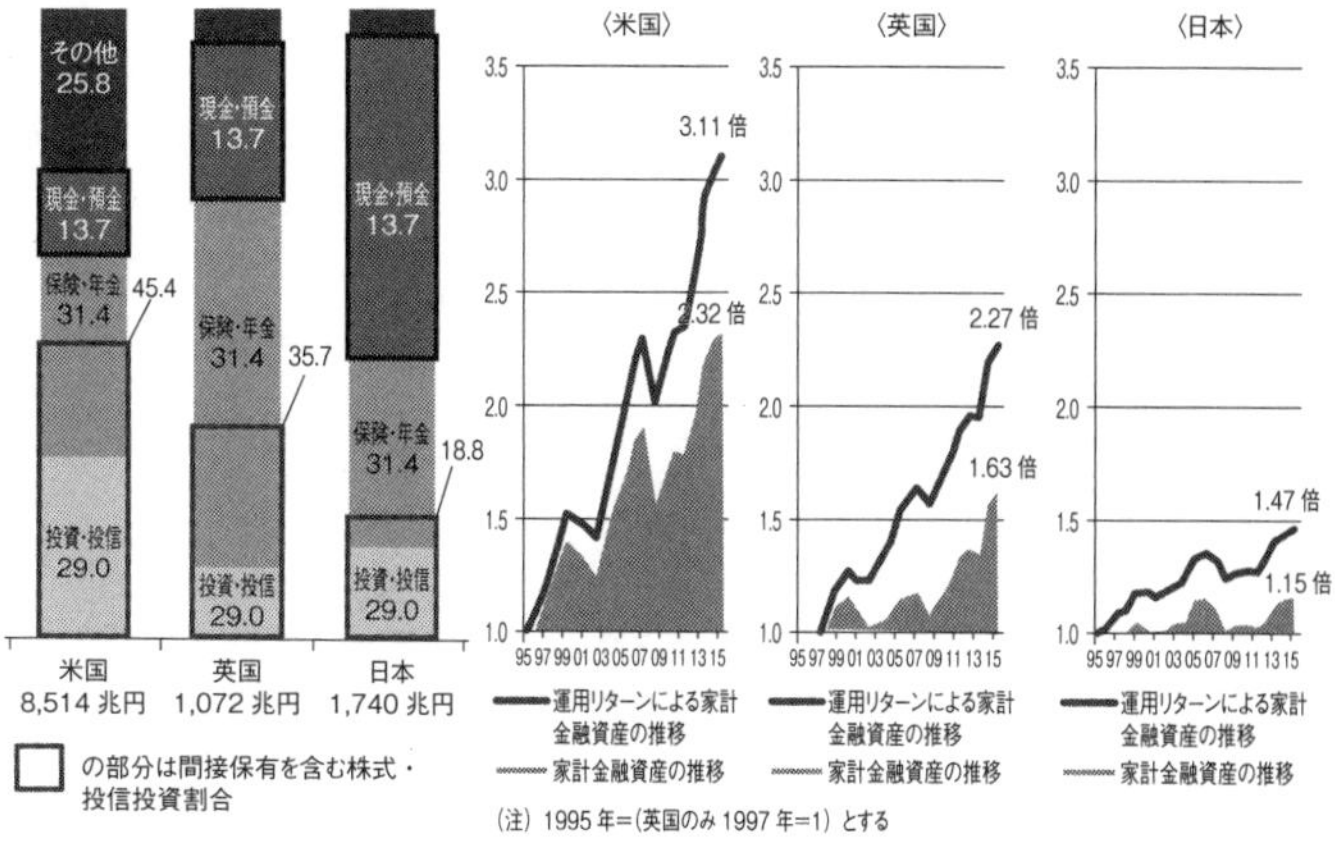

（出所：金融庁資料平成29年4月 積立NISAより）

膨らんでいるのに対し、日本のそれはわずか1・47倍にすぎない。

結果として、家計金融資産そのものが、米国は2・32倍に、英国が1・63倍に増えたにもかかわらず、日本のそれはわずかに1・15倍、すなわち、20年かかって15％、単純に年平均にすると0・75％しか増えていない。

ある意味、預金金利の推移を考えれば道理であることがわかる。1995年から2015年までの20年間といえば、世界も金融市場も決して平和で安穏としたものではなかった。ITバブルがあり、リーマンショックがあったというだけでもじゅうぶんすぎるイベントに思われるが、そうした事態を乗り越えてなお、2・32倍に膨らんだ米国の家計金融資産に比べて、日本のそれが著しく見劣りするのは、決して経済政策がどうだったかという議論が関わる部分ではない。単純に機会損失により得られるべき利益を見逃していたといっても過言ではないであろう。

そして、さらに驚くことは、金融資産がゼロの世帯数が１９８０年代後半のバブル期を含めても、一貫して増加してきているという事実だ。

次の「金融資産ゼロ世帯の推移」を示すチャートを見てほしい。

バブル期にいったん多少でも金融資産ゼロ世帯の比率が減って、バブル崩壊とともに増加したとか、景気上昇局面では増加し、景気下降局面では減少したなどという現象が見られるのならば、すべてを現在の、もしくはここ数年の景気動向や経済政策のあり様で説明をつけようという努力にも意味があるように思われる。

しかし、金融庁の資料によれば、高度成長期の頃の昭和38年（１９６３年）の22・２％から昭和47年（１９７２年）のオイルショックころの３・２％に向かって、ほぼ一貫して金融資産ゼロ世帯の比率が低下した後、第2次オイルショックのころにいったんわずかに減少するが、昭和62年（１９８７年）まではほぼ横ばいの一桁％台が続く。

何がきっかけとなったかは定かではないが、そこからほぼ一貫して金融資産ゼロ世帯の比率は上昇し、平成27年には30・９％、約3世帯に1世帯の割合にまで急騰している。

金融資産ゼロ世帯の推移

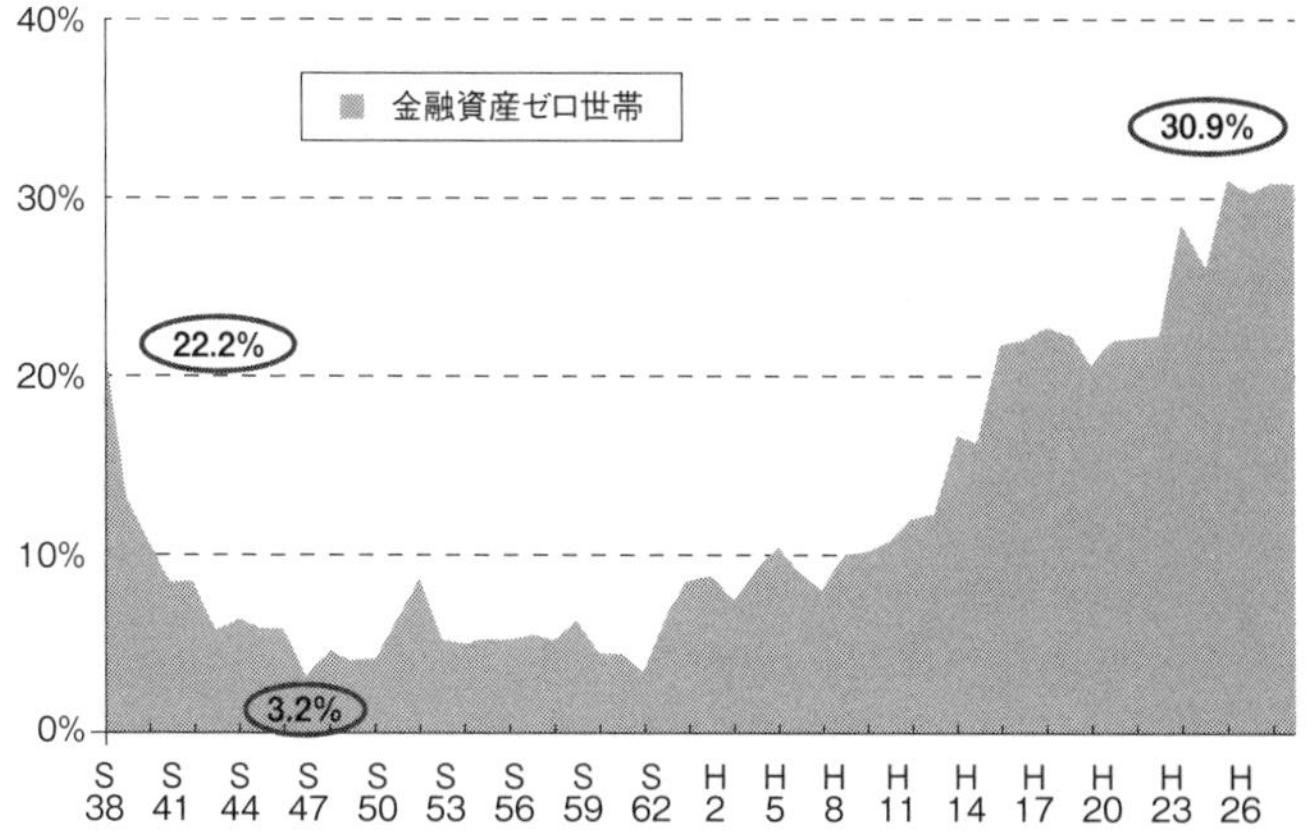

（出所：金融庁資料平成29年4月 積立NISAより）

つまり、これは景気動向や経済政策といった世帯の外的要因で考えるよりも、各世帯に潜む家計金融資産に対する基本的な認識や知識という面にまで踏み込んで考えないと説明がつかないように思われる。

ここで言う金融資産とは、「預貯金、信託、保険、有価証券等で、事業性預貯金、給与振込や振替等で一時的にしか口座に留まらない預貯金等は除く」と定義されているので、一般的に考えるところの金融資産のイメージと等しいことがわかる。

もう1つの答えは、収入階層別の金融資産の状況にあるように思われる。

次頁のチャートは収入階層別の金融資産ゼロ世帯比率の推移状況である。昭和62年

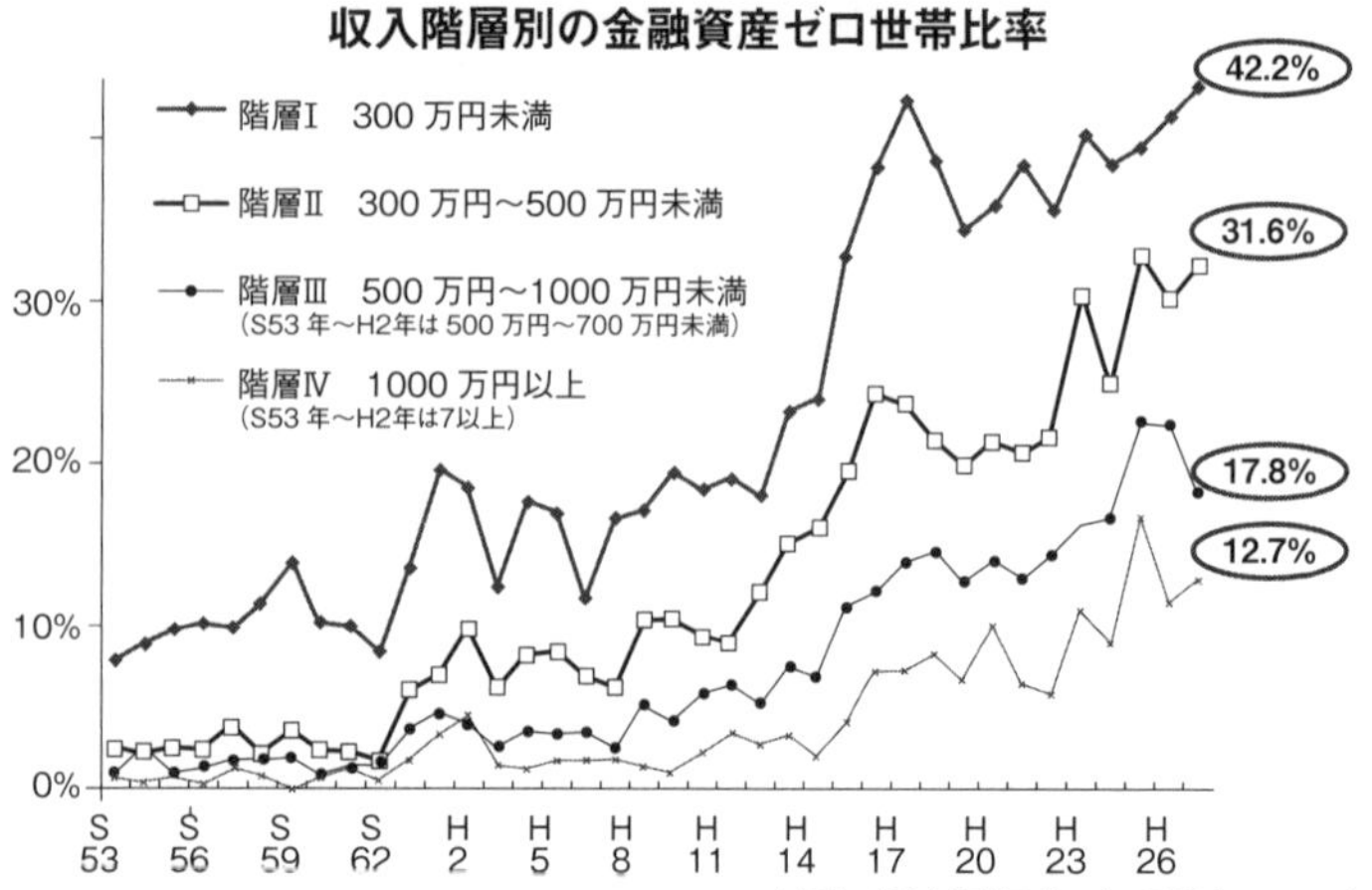

（出所：金融庁資料平成29年4月 積立NISAより）

（1987年）以降、金融資産ゼロ世帯の比率は全収入階層で上昇しているが、所得水準が下位に行くほどその増え方は顕著になる。直近平成27年で見ると、年収300万円未満の世帯の金融資産ゼロ世帯の比率は42・2％にも及ぶ。次の年収300万円から500万円の階層が全世帯平均にほぼ等しい約3世帯に1世帯の割合となり、驚くことに年収1000万円以上の世帯でさえも12・7％、約8世帯に1世帯の割合で金融資産がゼロということになる。

古めかしいことを考えれば、その昔の日本人は「質素倹約を旨とする」とか、「へそくり」とか「内助の功」みたいな消費よりも蓄えることの美徳みたいな発想があり、背伸びをしてまでも華美な生活を送らないという文化があった。

それが80年代バブルに国全体が浮かれる中で「貯蓄から消費へ」という流れに変わって、消費型経済の基礎ができあがったのかもしれない。

ちょうどこの時代に、トヨタのマークⅡなど「ハイソカー」と呼ばれるブームが起こり、一方で「一億総中流意識」などという表現が頻繁に使われるようになったものと思われる。つまり、豊かに見えるように消費してしまおうという文化である。このチャートからいえることは、誰が何と言おうと、「日本人全体がお金を蓄えることよりも、消費することに重きを置いて、そして贅沢になった」ということであろう。所得水準や金融資産の水準にかかわらず、ある一定以上の消費を誰もがエンジョイする新しい日本の文化ができあがったのだと思われる。

こうした現状、すなわち

①家計金融資産の約1700兆円の約半分は、現金・預金に滞留している
②米英の状況と比較して、株式・投資信託の比率が著しく低い
③その結果として、運用リターンによる家計金融資産の増加という機会損失がある
④消費性向の高まりは、景気動向や経済政策の変化などによる一過性のものではない
⑤1987年より金融資産ゼロ世帯は、3世帯に1世帯の割合にまで継続的に増加

⑥収入階層別に見ると下位層ほどその比率は高く、300万円以下は42・2%に及ぶ

という状況を受けて、現行のNISA制度だけではじゅうぶんではないとの判断がなされたものと考える。それは、各金融機関の営業努力もあり、NISA口座そのものの開設件数は順調に増加したものの、非稼働口座が半数以上に及び、また、積立による利用は総口座数の1割以下にすぎないという現状が後押ししている。つまり、少額からの積立投資がじゅうぶんに浸透していないということで、その状況を打開するための打ち手として「つみたてNISA」が平成30年1月から始まることになった。

前章で「顧客本位の業務運営に関する原則」、すなわち「フィデューシャリー・デューティー宣言」や「スチュワードシップ・コード」について言及したが、これらもこうした現状を打開するため、金融事業者による取り組みが形式的なものにとどまることなく、実質を伴う形での定着を意図した、家計金融資産の増加施策の打ち手の1つといえる。

ドルコスト平均法は本当に優れているのか？

もう1つ国が考えている「家計の資産形成の促進に向けた取組み」に関しては、「実践的な投資教育の推進」という項目がある。それは、国民に実践的な投資知識（長期・積立・分散投資の有効性など）を身につけてもらう必要があり、投資初心者を始めとする家計向けの実践的な投資教材を作成し、活用を推進するというものである。

その具体的な教育内容として、「国民が安定的な資産形成を行うためには、長期の積立・分散投資が有効」とし、以下の3点をその要点として掲げている。

①　投資対象をグローバルに分散させることで、世界経済の成長の果実を享受することが可能

②　投資時期の分散（積立投資）により、高値づかみ等のリスクを軽減することが可能

③　長期で保有することにより、投資リターンの安定化が可能

次の第五章でも説明するが、①の国際分散投資を志向するということについては、筆者

も異論はまったくない。通常の投資スタイルであっても、積立型の投資スタイルであっても、国際分散投資が家計の金融資産を安定的に成長させる、最も合理的な方法であると考えている。

しかし、長期の積立に関してはきちんとした詳細な説明を省いて、もし上記の②と③だけのような、ショート・フレーズでの説明だけがまかり通ってしまったら、せっかくの前向きないい施策が台無しになってしまう。

特に〝似非専門家〟の類が、もっともらしいことを吹聴したり、ネットに書き込んだりして、さも「資産運用の専門家」然とした風で、〝素人相手に商売〟をしかねないのが、この業界である。金融庁も「『長期投資に適した商品を積立投資を通じて、長期で保有することの有効性』を認識してもらうことが重要」といっているが、この「長期投資に適した商品」という理解について、間違った認識が流布・刷り込みが行われるのではと危惧してしまう。筆者もこの点では、「性悪説」になって見る目は養ってきた。

そもそも積立とは？

まずは「長期の積立投資」というものについて考えなくてはならない。

確かに、一度にまとまった資金を拠出することが難しい若い世代、もしくは収入階層の低い層などには、限られた毎月の収入の中から「つみたてＮＩＳＡ」などを使って、毎月３３３３３円（年間の非課税枠40万円を使い切る水準）程度を目途に、定期的に投資信託や株式（「つみたてＮＩＳＡ」では株式は積立の対象商品とはしていない）を買い付けるという意味は小さくないと思われる。

仮に30歳から投資信託を使った積立を始めたとしたら、50歳で８００万円、60歳で１２００万円もの投資元金が非課税の運用収益を生む原資となっていることになる。

ここで「つみたてＮＩＳＡ」で誤解を生みかねないと思われるのは、非課税保有期間が20年間ということ。これは、平成30年に積み立てた分はその20年後まで、翌平成31年に積み立てた分は、平成31年を起算年として20年後までの非課税保有が可能と、年ごとにスライドしていくイメージである。念のため、そのイメージを図示する。

しかし、一方で注意しなくてはならないのは、積立型投資が前述②と③、すなわち「投資時期の分散（積立投資）により、高値づかみ等のリスクを軽減することが可能であり、さらに長期で保有することにより、投資リターンの安定化が可能」というショート・フレーズの安易な状況だけではないということである。

つみたてNISAの非課税保有期間のイメージ

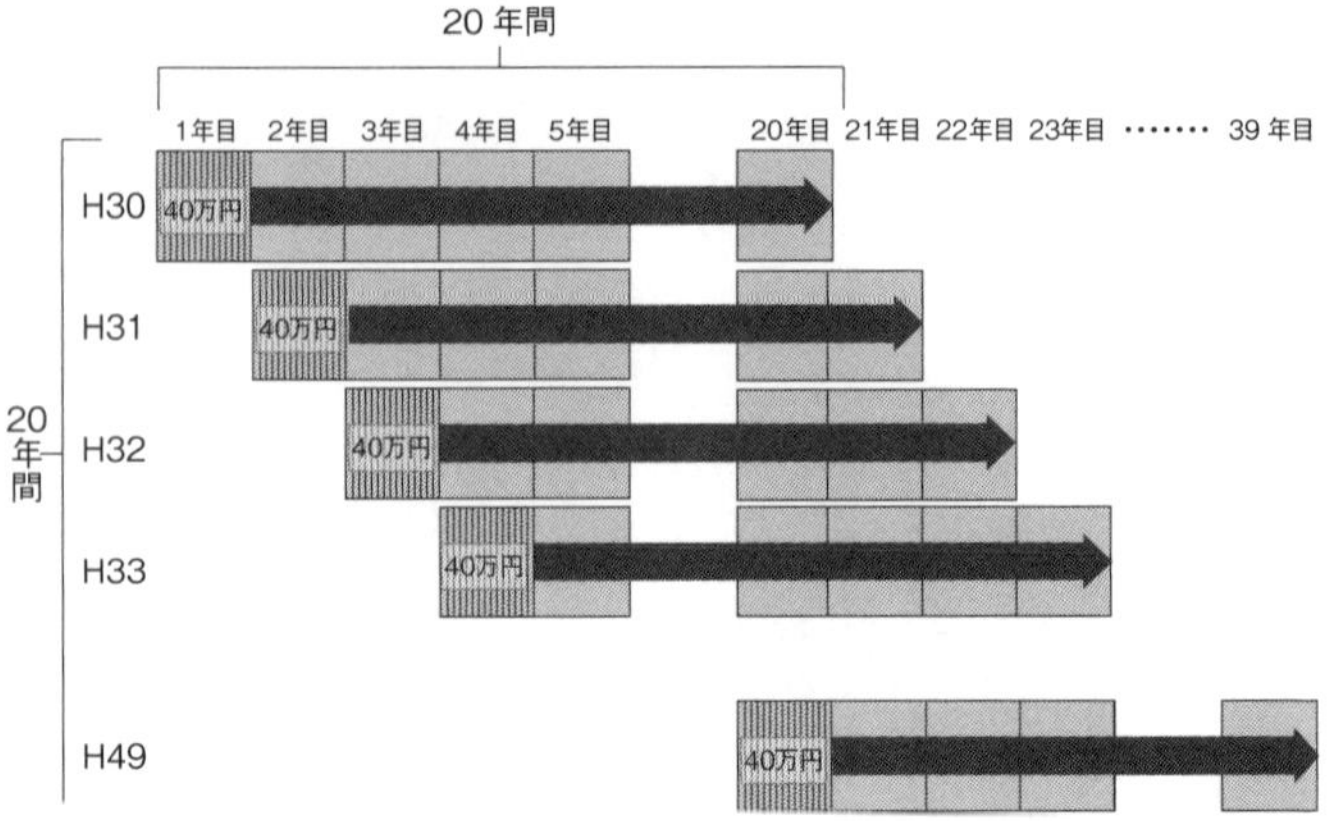

（出所：金融庁資料平成29年4月 積立NISAより）

この②と③が達成できるのは、やはりある限られた正しい運用が行われた場合だけだといえる。投資時期の分散をしようとも、高値づかみはしてしまう可能性はあるし、長期で保有しても、ものによっては投資リターンの安定化はできない。つまり、ドルコスト平均法という考え方が必ずしもオールマイティな投資方法ではないということはきっちりと覚えておいたほうがいいということだ。

キャッシュフローの関係上で毎月一定金額分の金融商品を買いつけるという行為と、その結果としての投資収益がよくなるのか悪くなるのかということについては、しっかりと分けて考えておいたほうがいい。積立型投資を長期20年以上も続ければ、投資収益は着実に上がるという考え方を、そのまま鵜呑みにしては駄目だということだ。

毎月一定の金額を価格変動リスクのある商品に投資すれば、買うタイミング等を特に計ることなく、機械的にそのときの金額で買いつけられ、値段が高いときは口数が少なくなり、値段が安いときには口数が多くなることによって、変にタイミングをとって投資をするよりも上手くいく場合がある。これが「ドルコスト平均法」の基本的な考え方だが、これが期待通りの成果を上げるかどうかは、結果的にはその投資対象の、投資期間中における値動きが大きく左右するというのが事実である。

往々にして、投資家が少額でも、多少無理をしてでも毎月の積立を始めようかと考えるとき、あるいはこうしたスキームが金融機関からセールスされるときというのは、漠然としているかもしれないが、投資対象の値段がゆっくりでも右肩上がりに上昇するときのほうが多い。

しばらく先（数年先）を見渡してみて、緩やかにその金融商品の値段が下降線をたどると思われるときには、積立を始めようという意欲も湧かない、少なくともその商品に積立てをしようとは思わないはずだ。実は、ここに1つの盲点がある。

実はドルコスト平均法にとって最も重要な事実は、その積立投資の対象と考えている金融商品が、最終的なゴールとなる積立終了期、例えば20年後において、値段が少なくともその積立期間中の底値から多少なりとも上がっているのかどうか、ということである。
積立期間中、その商品の価格が下落すれば、それだけ同一の積立金額でもたくさんの口数の商品を買うことができる。それは下がれば下がるほど、自動的にナンピンを入れ続けることになり、平均の取得単価を効率よく引き下げる効果として働く。この効果がじゅうぶんに意味をなすためには、積立の終盤で値段が底値から上がる局面を迎えないとならない。

実際にその仕組みを計算で見ると、例えば次のような例が考えられる。12回×20年のシミュレーションをするほどのこともないので、5回分でイメージをつかんでいただきたい。

(ケース1)

NISAで積立を始めたとき、単価が1000円もしたものが、あれよあれよという間に4回目では200円まで急落したが、5回目でなんとか500円まで戻したとする。
この場合、最終回で時価400円のときの総投資収益は、プラスかマイナスかどちらと思われるだろう。

実は、ドルコスト平均法の妙味で、1回目に比べ、4回目は200円で5倍の口数を買えていることもあり、5回目に400円で75口購入した時点での平均取得単価（簿価）は、なんと370・37円となっている。その結果、総投資拠出額150000円に対して、時価は総保有口数405口×400円で162000円と投資対象の値段そのものは、初回投資時の40％にまで60％も値下がりしているにもかかわらず、総投資額150000円に対してすでに12000円の運用収益が計上されている。

1回目　投資金額　30000円＝10000円×30口
2回目　投資金額　30000円＝600円×50口
3回目　投資金額　30000円＝300円×100口
4回目　投資金額　30000円＝200円×150口
5回目　投資金額　30000円＝400円×75口
合　計　投資金額150000円＝370・3704円×405口

実はこれ、エクセルなどで簡単に計算できるのだが、4回目の200円で150口を購入できたことが効いている。そして、その値段を底値として、最後はその2倍に跳ね返っている。

このように、積立期間中の底値から値段が上がっていることが大事だ。また、4回目も3回目と同じ300円だったとしたら、100口しか購入できないので、総保有口数が355口となり平均取得単価も422・54円へと上昇してしまう。

5回目で400円に値段が回復しても、総投資額1500000円に対して約80000円の損失ということになる。すなわち底値からの戻りの水準というのも重要だ。このケースでは、4回目が250円だった場合を境として、総投資収益はプラスにもマイナスにも変化する。

金融機関の積立を勧めるパンフレットなり、こうしたドルコスト平均法の有意性を説明する資料の多くは、基本的にはもっと右肩上がりの図を使って説明するはずだ。もしくは、ケース1のようにスタート地点より値段が下がることはあっても、最後は必ず多少なりとも反転値上がりするというチャートで資料が作成されている場合が多い。

従って、積立当初、または途中で値が下がる場面があっても、その間に安い値段でより多くの口数を購入できるので、最終的には、簿価平均が下がって利益につながるという考え方をわかりやすく説明しようする。

しかし、世の中の動きというのは天邪鬼なもので、実際の投資の事例では、結果として投資期間中一貫して値段が下がったり、値段の戻りが悪かったりすることはよくあることで、この絵に描いた餅のような夢が、水泡に帰することもことのほか多い。

買い下がれば買い下がるほど、ただただ傷口を広げるだけということがあるのは肝に銘じておいてほしい。前述の例でいえば、4回目までの積立修了時の平均取得単価は363・64円。もし、5回目が仮に値段は戻っても363円以下、例えば、350円だったら多少の値段の戻りはあったが、総投資収益はマイナスになったままだ。

（ケース2）

では、今度は逆に当初から値上がりする例で、最後に値下がりするケースを考えてみよう。

1回目　投資金額　30000円＝1000円×30口
2回目　投資金額　30000円＝1500円×20口
3回目　投資金額　30000円＝2000円×15口

4回目　投資金額　3000円＝2000円×15口
5回目　投資金額　3000円＝1200円×25口
合　計　投資金額15000円＝1428・571円×105口

積立をスタートしてから3回目で値段は2倍になり、それが4回目も続き、きっと気分は「いいときに始めたな。上手く行った」とホクホク顔に違いないというケースだ。しかし、会社側が収益見通しを想定外に大幅減額修正して発表したので、株価は急落、5回目の投資時には、株価が1200円まで急落していたとしよう。そうすると、平均取得価格は1428・571円となっているので、仮に5回目がスタート時の株価よりもまだ高い1200円だとしても、総投資損失は15000円の投資に対して△24000円にもなってしまっている。

つまり、積立投資のドルコスト平均法といえども、スタートするタイミングと、終了するタイミング、そして、その間の値動きの仕方によっては、何の意味もない結果となってしまうことがあるということだ。だからこそ、何に積立投資するかということを真剣に考える必要がある。

実例を挙げてみよう。ドルコスト平均法を拠り所として普及したのが、上場企業の社員向けに提供されてきた「社員持ち株会」である。

自社株に多少のアップダウンはあっても、延々と下がり続けるという絵を描く人もそうはいないだろう。もしそんな風にしか思えない会社ならば、そもそも就職などしないだろうから。かくいう筆者も、1985年に太陽神戸銀行に入行したときから三井住友銀行となって退職する2005年までの20年間、飽きずに毎月の積立を自社株に対して行っていた。

1985年から2005年までの20年間の日本株市場、とりわけ銀行の株価がどう動いたかを思い返してみてほしい。

85年から89年末までは大バブルということもあり、順調に株価は上昇した。しかし、その後、バブル崩壊とともに株価はズルズルと下落を続け、なかには破綻する金融機関が登場し、自社株の値段など見たくもない水準にまで下落した。85年の入行当時、まさか13行もあった都市銀行が、その後の10年あまりで、いわゆる「倒産株価」といわれる水準まで下がるなど、誰が予想したであろう。

しかし、実際には北海道拓殖銀行の破綻を皮切りに、多くの銀行が「倒産株価」といわれる150円を睨む水準にまで下落していった。ご承知の通り、その中には合併などもできずに破綻した銀行もある。事実、隣の同僚と「うちは今日いくらだ？　170円かぁ。安田信託よりはまだましかぁ」などと会話をした記憶がある。ちょうどそのとき、ビルの下の安田信託の支店では、取り付け騒ぎが起こっていた。

その後、都市銀行は合従連衡を繰り返して、現在の3メガバンクという体制になっていくのだが、この間に続けた筆者の社員持ち株会は初めの1、2年を除いて、時価が簿価を上回ることはなかった。つまり、一度も評価益を計上したことがなかったということだ。

ドルコスト平均法で購入しているはずが、続ければ続けるほど、泥沼にはまっていった好事例である。いや、悪事例か。さらに状況を悪くしたのは、社員という気持ちが自行に対する特殊な信頼感をもたらし、新入行員時にはわずかな資金で始めたものを、途中で増額するような、今から考えると、愚行に及んでしまった。

結果、退職時まで常に筆者の社員持ち株会制度の簿価は、水面上に出ることはなかった。退職時に株式を現引きして金庫で保管という決着を見るに至った。その間、期間にして20年、ちょうどつみたてＮＩＳＡが目指している投資期間とまったく同じ立派な長期投資（「つみたてＮＩＳＡ」は株式を対象とはしていない）となったのにもかかわらずである。

一方で、マイクロソフトやアマゾンドットコムの株で積立投資をＩＰＯ直後から現在まで続けた人は、株価は何十倍、いや何百倍にもなり、手もとには当初積立金額とは桁違いの大きな利益を蓄えられたはずだ。

１９９７年5月のアマゾンドットコムの上場時の株価は15・75ドル。その後、2分割が2回、3分割1回を行っているので、当初の株価（簿価）は実質約1・3ドル相当まで低下している。今現在（２０１7年10月）の同社株価は、約１０００ドル（約７６０倍）なので、そのまま最初の1回分（３００００円）を持っていただけで、約２３００万円になっていることになる。

ここで大事なのは、同社の株価の運びだ。２０００年12月には１１３ドルまで上昇するが、その後、ＩＴバブル崩壊などで２００1年10月には、5ドル51セントまで下落している。5ドル台を見たときは、誰もが相当肝を冷やしたはずである。それでも、現在が約７７0倍まで戻っているので、この20年間、アマゾンドットコムの株で積立投資をしていたら、総投資額７２0万円はいったいいくらになっていたのだろうか。あえて計算するのも悔しいのでここでは省略するが、少なくとも額に汗して働く立場ではなくなっていたはずだ。

これらの事例が示唆していることは何かといえば、ドルコスト平均法を利用した積立投資だといっても、この先、自分が投資をしよう、続けようと考えている期間を想定し、その投資対象が10年後、20年後に今よりは価値が上がっているかどうかをきっちりと見極める目が必要だということである。ただ、そうはいっても、10年後、20年後の将来を予測することは、水晶玉で何かを予想するのと同等にいい加減なものになりかねないというのが偽らざるところだ。それは、都市銀行が破綻するなんてことを85年当時には誰にも予想できなかったのと同じであり、ITバブルのころのアマゾンドットコムを、かのバークシャー・ハサウェイのウォーレン・バフェット氏でさえ、「得体の知れない、わからない会社」と投資を躊躇させたのと同じである。

ならば、その回避策として何があるといえば、提案できる方法は次の3つになる。

1. それでも意地になって10年、20年先も絶対大丈夫だというものを見つける。
2. 複数の投資対象、それもあまり相関性のないと思われるものを組み合わせる。
3. 途中で見直しを考え、盗人に追い銭みたいな投資だと思ったら、ササッと諦める。

まず、1の方法は、筆者にはできない。そこまで自分の水晶玉が正確に未来を予測するとはどうしても思えないからだ。だとすると、2か3となるが、たぶん3の判断を入れることを前提とすると、きっと後述する、機械的な投資の意味が一番発揮される部分を乗り越えられないであろう。つまり、アマゾンドットコムの5ドルのときに止めてしまうようなものだ。そして、最も合理的と思われるのが、2の方法だということを示すチャートをご紹介しよう。それが次頁の図だ。

Aの定期預金が地べたをはうような結果になっているのはご愛嬌として、国内、先進国、新興国の株式と債券に均等に1／6ずつ投資をした場合の結果がCの右肩上がりのチャートである。株と債券と合わせるという意味では、Bも同じではあるが、国内の株式と債券にしか分散していない結果、〝日本〟という相関の強いつながりが出てしまった。

しかし、Cの場合、国内、先進国、新興国と3種類にその基盤を分けたため、その分の相関度合いが下がることで、効率よく世界経済の成長を享受することができたのである。20年間で約1・8倍にまで成長している。

これらのどれも意にそぐわないのであれば、積立投資を諦めるか、毎月分を銀行預金などの元本が保全されるものに蓄えて、ある程度貯まった段階で、そのときに正しいと思わ

長期・積立・分散投資の効果（実績）

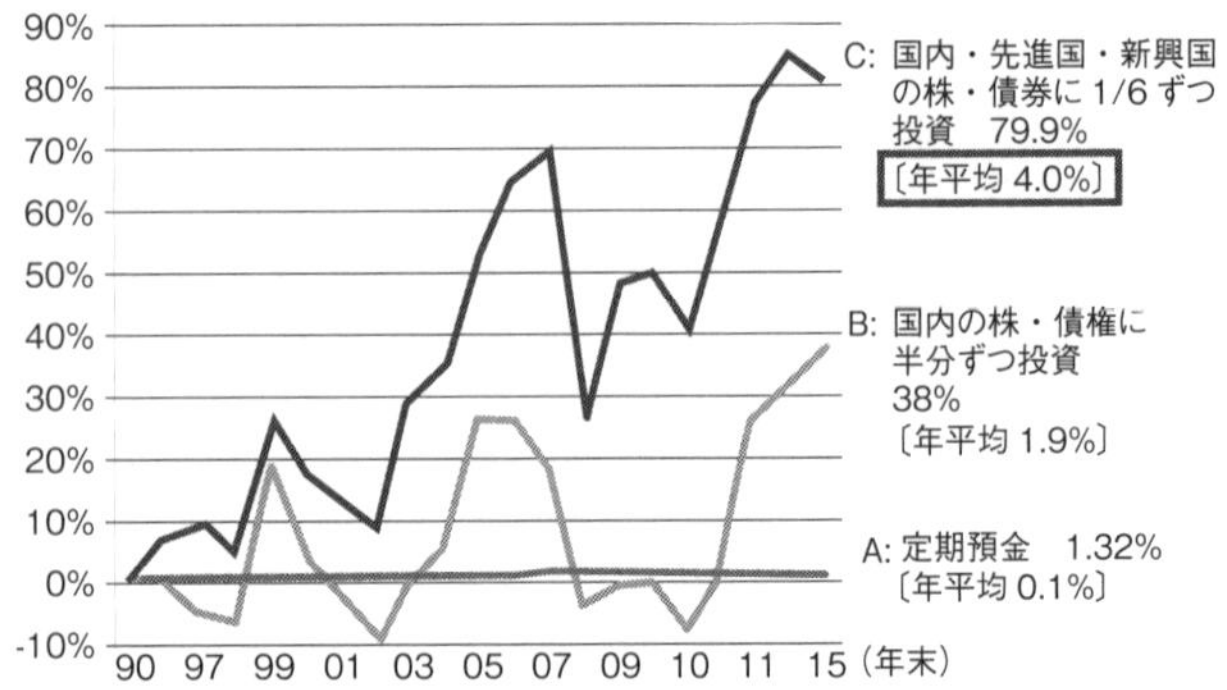

（注） 各計数は、毎年同額を投資した場合の各年末時点での累積リターン。
株式は、各国の代表的な株価指数を基に、市場規模に応じた各国のウェイトをかけたもの。
債券は、各国の国債を基に、市場規模等に応じた各国のウェイトをかけたもの。

（出所：金融庁資料平成29年4月積立NISAより）

れる投資対象にまとめて投資をするほかあるまい。「果報は寝て待て」とか、「遊んでいるお金にも働いてもらいましょう」などという聞こえのいいセールストークや単純な投資家啓蒙は、商品を売らんかなの金融機関の美辞麗句、もしくは何の意味もない風説の流布だと思ってほしい。

ドルコスト平均法に適さない投資対象

商品、コモディティ系の投資対象は、ドルコスト平均法には一番不向きな投資対象といえる。なぜなら、値段の急騰や急落のサイクルが短期間のうちにあるからだ。ＥＴＦを使うとこれらコモディティへの投資が可能になるものがいくつかあるが、そもそもコモディティというものは、その商品の特性上、インフレヘッジという意味合いが強い。

これから先の世界景気を見渡した場合、長年デフレ脱却に悩む日本は別格としても、世界景気が大きなインフレに見舞われるとはなかなか考えにくい。

インフレとは、需要が大きく供給を上回る場合に起こる物価上昇のことだが、そのベースとなるのは人口増である。新興国を個別に調べていけば、人口増と経済成長が合わさり、インフレとなる可能性のある国はあるかもしれない。しかし、一人っ子政策を続けて人口増を抑制してきた中国でさえ、現在では一人っ子政策を見直し、２０３０年からの人口減少を緩やかにする方法を考えている。人口１人当たりの消費が経済成長とともに人口減少を上回るほどに増加する限りは、需要は供給を上回り、物価上昇やインフレは起こるかもしれないが、その可能性のあるところは少ない。

一方で、一時は１バレル１４０ドルもつけた原油価格でさえ、今は50ドル前後を安定的に推移している。環境意識の高まりとＨＶ（ハイブリッドカー）やＥＶ（電気自動車）の登場で需要が頭打ちになった。

さらに、65ドル程度になってくれば、米国のシェールガスやシェールオイルの生産コストに見合い始めるため、再度供給が増え、値段は上がらないといわれている。最大産油国サウジアラビアでさえ、かつての「化石燃料は有限の資源」という考えを捨て、原油の需要減少に歯止めがかかることを願っている。

CRB指数チャート20年以上 四半期足

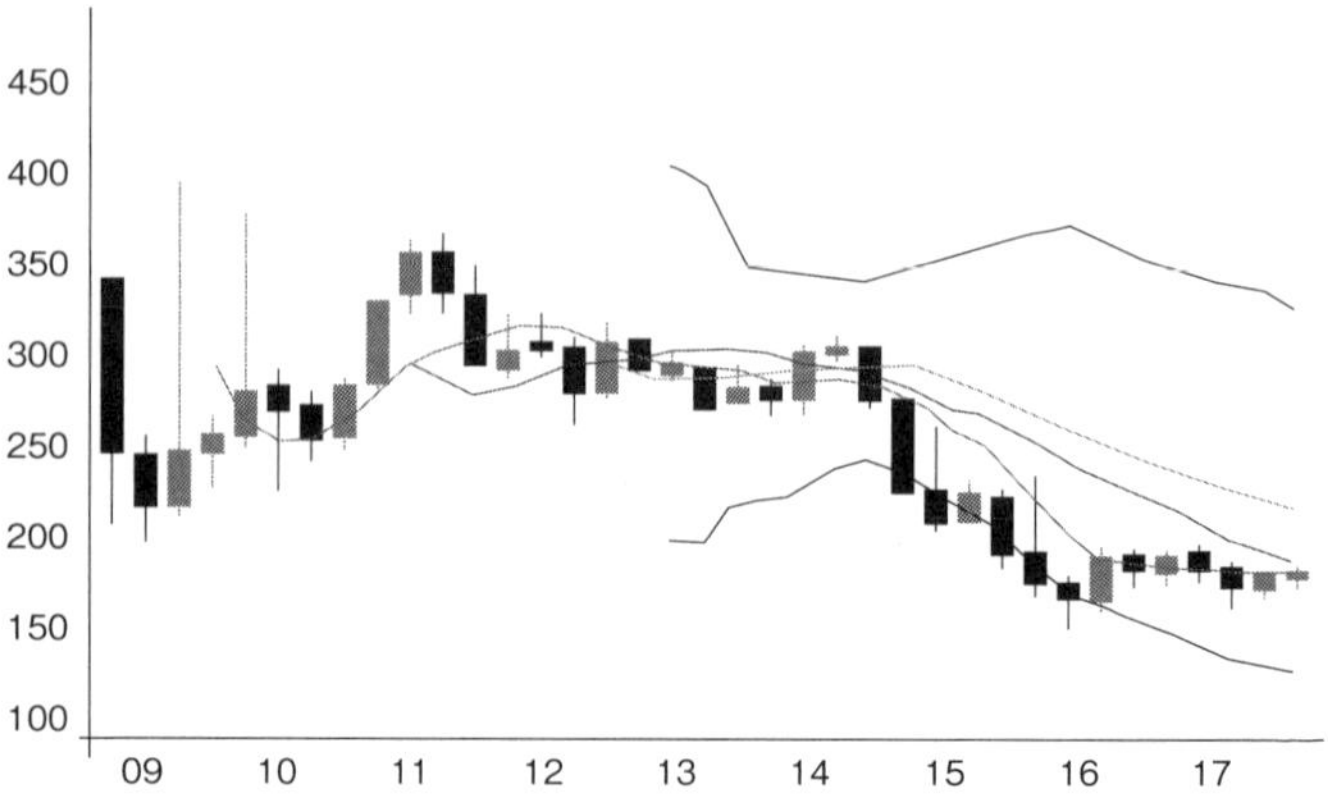

こうした複数のコモディティ（農水産物系を含む）を指数化した、CRB指数のようなものもある。これが世界のインフレ傾向を如実に表しているが、ある一定期間上昇することはあっても、結局はある一定水準に回帰してきてしまう。もし高値で積み立てを始めて、期限を迎えるころに安値になっていれば、なんのためのドルコスト平均法だったのだということになってしまう。上記は、CRB指数の20年間の四半期足のチャートだ。

積立投資で負けない方法

一番の方法は、とにかく長期に渡り上昇し続けると予想される資産を探すことである。当然、それはグローバルに目を皿のようにして探す必要がある。そこで、10年、20年というサイクルで積立を考えるという前提に立てば、考慮すべき項目は「人口動態」である。

経済の力強さを示す指標の代表格はＧＤＰである。ＧＤＰの計算根拠を考えれば答えは一目瞭然だが、それだけ長期の投資対象とする場合には、人口が増え続けることが大前提となる。

日本のように、現在は約1億２７００万人の人口が、２０５３年には1億人を切るといわれ、２０６５年には８８００万人まで減少するといわれている国は、この意味ではイの一番に投資対象から外れる。次の3つのグラフは、２０１５年の人口動態から、２０４０年、２０６５年と推計されたものであるが、国力がいかにも先細るという印象は誰の目にも明らかであろう。今から「つみたてＮＩＳＡ」の最初の満期を迎える20年後は２０４０年、今年の新入社員（23歳）が65歳定年を迎えるときは、すでに２０６０年前後になっており、すでに日本の総人口は1億人を切っているのだから。

ならば、債券系の投資がいいかといえば、その答えはＮＯの場合が多い。

債券の価格は金利の上昇局面では下落し、金利の下降局面で価格が上昇する。もちろん、発行体が破綻しない限り、当初約束された金利は手もとに残るが、通常は債券の価格も日々の金利情勢に合わせて時価評価されるので、金利の上昇局面では価格が下がるため評価損が計上され、多少のインカムゲインなら相殺してしまう。その意味では、新興国債券は現在でも先進国に比べれば間違いなく高金利であるが、どこかで金融緩和により金利を引き下げざるをえなくなるであろうから、そのときにはチャンスになるかもしれない。

しかし、当面はリーマンショック以降の先進国中央銀行の大幅な金融緩和によってばら撒かれた資金が、先進国の金融緩和解除による金利上昇につれて、資金が戻る過程に入るので、その綱引きとなる可能性は高い。また当然にして、新興国経済はやはりその基盤が脆弱であることが多いため、信用リスクが高い。ひとたび国としてデフォルト状態になれば、投資していた新興国債券は国債といえども回収不能になる。その辺のリスクはじゅうぶんに見極める必要がある。

結局、先進国の人口動態のまだ比較的しっかりした国の、株式と債券を組み合わせる形

人口ピラミッドの変化：出生3仮定（死亡中位）推計

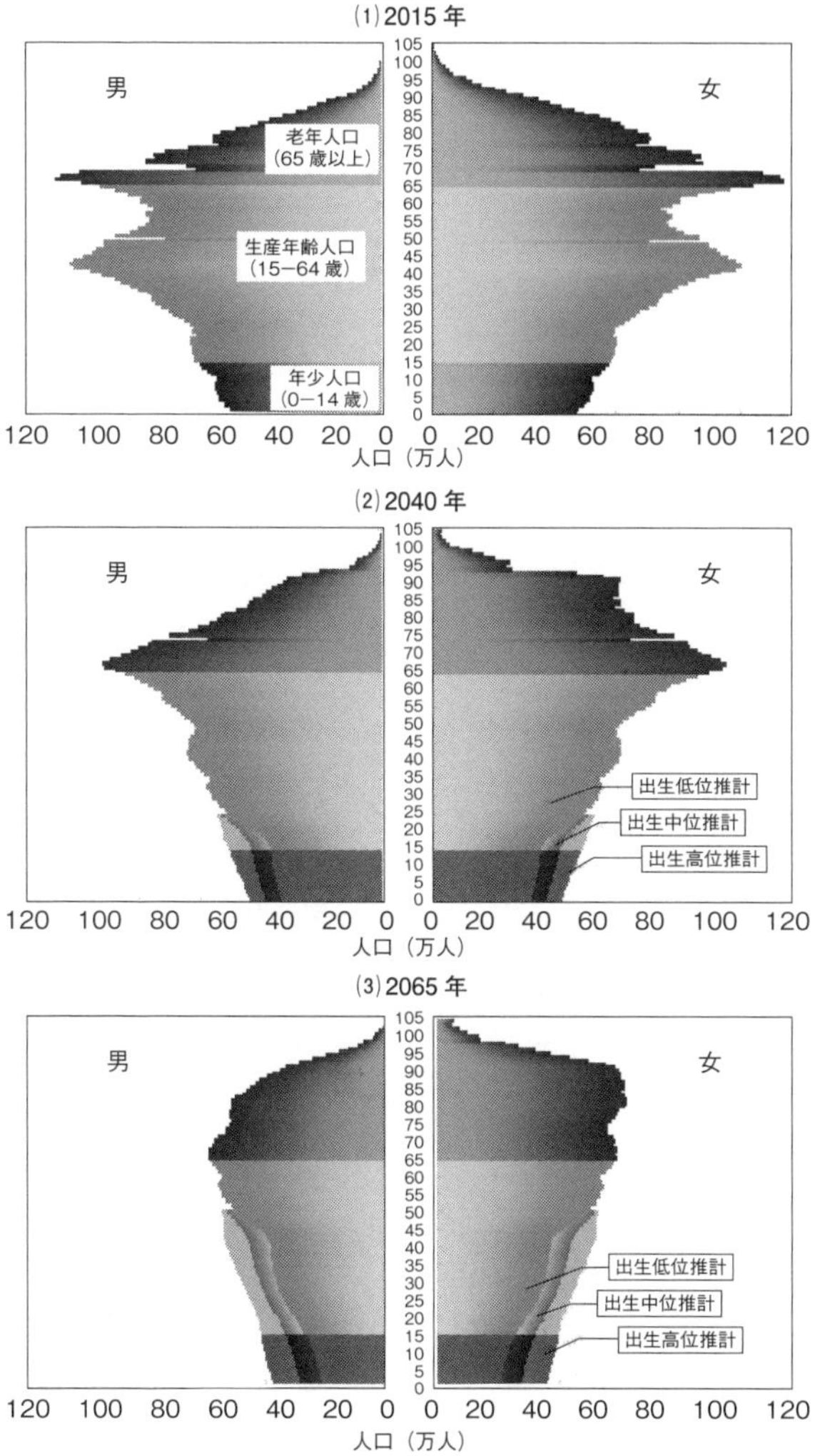

（出所：国立社会保障・人口問題研究所「日本の将来推計人口 平成29年推計」）

で物色するのが一番いいだろうと考える。すると答えは次頁のチャートから考えてもアメリカ、カナダ、イギリス、フランスといったところとなるのだが……。

また、一度積立投資を始めたのなら、決して「〇〇ショック」と呼ばれる経済危機のときには逃げ出さないことだ。

筆者がこの世界でマーケットに関わってきた30年あまり、何度も経済危機や金融危機といわれるものは起こり、本当にこの先どうなるのかと肝を冷やすことが数多あったが、そういう人為的なショックに限っては、必ず数年のうちに各国政府や中央銀行の努力によって回復している。これが前述の「3．途中で見直しを考え、盗人に追い銭みたいな投資だと思ったら、ササっと諦める」という方策を勧めなかった最大の理由だ。

往々にして、人は弱気になりやすい。株価が下がり、連日報道が危機感を煽るようなニュースを伝えれば、誰だって弱気に傾きやすい。しかし、こういうときこそ、機械的に毎月一定額を積み立てていることの真価が発揮される。積立を行っていることなど忘れてしまえばいい。きっと数年後、大きな利益となって返ってくる。

事実、リーマンショックを挟んだ多くの積立口座は、２００８年9月の水準に金融市場が戻る前にすでに含み益となっていた。今現在でいえば、これらの投資を行っていた人た

人口ピラミッド（年齢階級別割合、2015年）

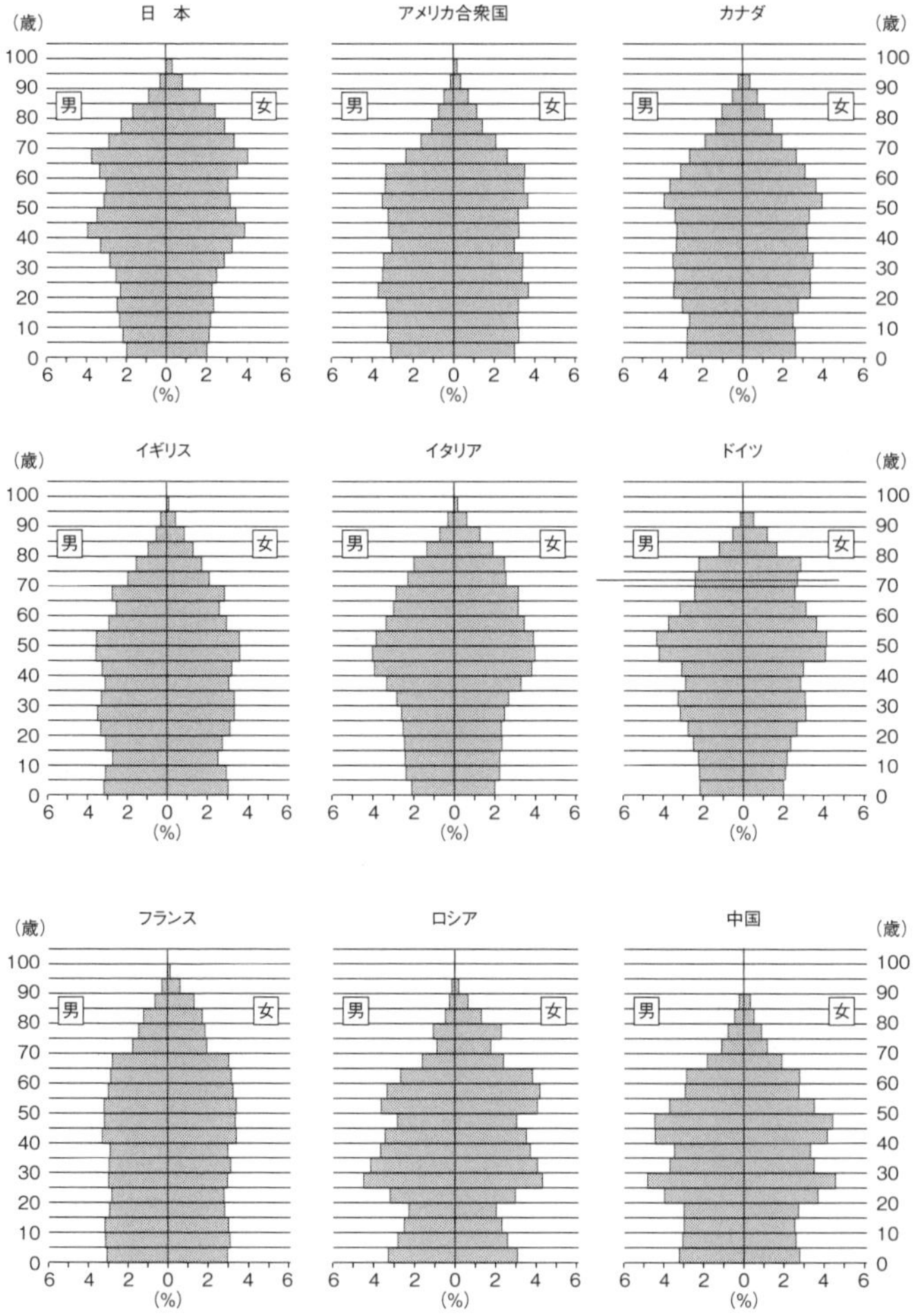

（出所：総務省統計局 世界の統計2017）

ちのほくほく顔が浮かぶはずだ。

果報は寝て待たず、やはり先々をきちんと見渡してから投資対象を見極め、定期的に状況はチェック、ただ短期的なショックには驚かずに、しばらく放っておくというのが積立投資で勝つ唯一の方法だ。

「つみたてＮＩＳＡ」が勧める投資信託とＥＴＦについて

ここまでの説明で、積立投資といえども安易に考えてはいけないということがわかったと思う。考え方、心の持ち方などをしっかりしておかないと、単なる恥の上塗りで、「二度と投資などするか」という最悪な結果になりかねない。おそらく、そうしたことを考えた上だろうと思われるのが、積立ＮＩＳＡの対象商品を金融庁のほうで決めている点だ。初めは「なんなんだ」と思うようなやり方だったが、その導入の背景や実態をよく見てみると、むしろ逆によく考えてある制度だと思えてしまうほどだ。

基本的に、つみたてＮＩＳＡは指定インデックスに追随するパッシブ運用を一押しにしている。それ以外のアクティブ運用のファンドについては、念のために取り上げたという感じが、筆者の肌感覚としては拭いきれない。ＥＴＦも同様にパッシブ運用のものだ。

指定インデックス投資信託の要件（パッシブ運用のファンド）

〈政令要件〉

□　信託契約期間が無期限、または20年以上であること
□　分配頻度が毎月でないこと
□　ヘッジ目的の場合等を除き、デリバティブ取引による運用を行っていないこと

上記の政令の要件に加え、以下の要件を満たすことが必要

〈共通要件〉

以下の要件をすべて満たすこと

・告示において指定されたインデックスに連動していること
・主たる投資の対象資産に株式を含むこと
・販売手数料：ノーロード

・受益者ごとの信託報酬等の概算値が通知されること
・金融庁へ届出がされていること
①国内資産を対象とするもの
・信託報酬：0・5％以下（税抜き）
②海外資産を対象とするもの
・信託報酬：0・75％以下（税抜き）

例）国内外の株式・債券等に分散してインデックス投資をするもの（バランス型投信）
日経225等にインデックス投資をするもの

指定インデックス投資信託以外の投資信託の要件（アクティブ運用のファンド）

〈政令の要件〉
□ 信託契約期間が無期限、または20年以上であること
□ 分配頻度が毎月でないこと
□ ヘッジ目的の場合等を除き、デリバティブ取引による運用を行っていないこと

上記の政令の要件に加え、以下の要件を満たすことが必要

以下の要件をすべて満たすこと

〈共通要件〉

・純資産額が、50億円以上
・信託設定以降、5年以上経過
・信託の計算期間のうち、資金流入超の回数が2／3以上であること
・主たる投資の対象資産に株式を含むこと
・販売手数料：ノーロード
・受益者ごとの信託報酬等の概算値が通知されること
・金融庁へ届出がされていること

①国内資産を対象とするもの

・信託報酬：1％以下（税抜き）

②海外資産を対象とするもの

・信託報酬：1・5％以下（税抜き）

つみたてNISAの対象とする指数一覧

		日本	全世界	先進国	新興国
株式	単品でも組成可能	・TOPIX ・日経225 ・JPX日経400 ・MSCI Japan Index	・MSCI ACWI Index ・FTSE Global All Cap Index	・FTSE Developed Index ・FTSE Developed All Cap Index ・S&P 500 ・CRSP U.S. Total Market Index ・MSCI World Index ・MSCI World IMI Index	・MSCI Emerging Markets Index ・FTSE Emerging Index ・FTSE RAFI Emerging Index
株式	組合せでのみ組成可能（株式指数は必須）	—	—	・MSCI Europe Index ・FTSE Developed Europe All Cap Index ・Stoxx Europe 600 ・MSCI Pacific Index	・MSCI AC Asia Pacific Index
債券	組合せでのみ組成可能（株式指数は必須）	・NOMURA-BPI総合 ・DBI総合 ・NOMURA-BPI国債 ・Barclats Japan Government Float Adjusted Bond Index	・Citi-group World Government Bond Index ・Barclays Capital Global Treasury	・Bloomberg-Barclays Global Aggregate Index ・Barclays Euro Government Float Adjusted Bond Index ・Barclays U.S. Government Float Adjusted Bond Index	・JP Morgan GBI EM Global Diversified ・JP Morgan Emerging Market Bond Index Plus
債券	組合せでのみ組成可能（株式指数は必須）	東証REIT指数	—	・S&P先進国REIT指数 ・S&P米国REIT指数 ・S&P欧州REIT指数 ・FTSE NAREIT エクイティREIT インデックス	—

まず、「指定インデックス投資信託の要件」を確認してみると、その主旨からして最初の政令要件は極めて妥当である。そして、実によく考えられているなと思われる共通要件として、上記の指定インデックス一覧を見れば確認できるが、「主たる投資対象に株式を含むこと」とされている点で、債券や不動産（REIT）のインデックス運用だけでは制度が利用できないようにしてあることである。この辺の背景はすでに説明した通りである。そして、グローバルな投資が可能となる指数が選ばれている。また、販売手数料はゼロとなるノーロードのみの上に、信託報酬もファンド・オブ・ファンズとい

えども、国内資産対象が0・5%以下、海外資産対象で0・75%以下と比較的安い水準をついてきた点は高く評価できる。

そもそも筆者の見解では、つみたてNISAに向くのは、こちらに採用されたパッシブ運用のファンド群から選ぶ方法で、次の「指定インデックス投資信託以外の投資信託」（アクティブ運用のファンド）というのは、「つみたてNISA」に限っては投資家にとっても、運用会社にとっても、双方に不向きで共倒れになる可能性が高い。避けるべき、あるいは対象とすべきでないファンドだと思っている。

その理由は、まず政令要件にある。

筆者は信託契約期間が無期限のファンド設定は、運用会社として無責任だと思うし、20年以上という時間軸もあまりにも長い。どちらかの条件を満たすものだとしても、どちらもアクティブ運用を理解していないというか、そもそも長期の積立にアクティブ運用のファンドが適しているとは思えない。アクティブ運用のグローバル・バランス型ファンドという形態は、極めて少ないので、アセットクラスが偏り過ぎる。この辺の根拠については前章までで説明した。

その一方で、ノーロードであることは評価する。信託報酬については、つみたてNISAという観点だけでいえば、まだ高過ぎると思う。しかし、アクティブ運用のファンドの場合、これ以下に信託報酬を引き下げることは、運用上、別の問題を引き起こしかねないので、そもそもアクティブ運用のファンドをつみたてNISAの対象としたこと自体が失策だと考えている。

それでも、歯を食いしばって、残高がある水準以上まで行って経営が楽になることを夢見てこの要件に合わす運用会社があるとするならば、それはそれで経営判断なので、ご苦労様と敬意を表したい。

信託報酬をアクティブ運用の世界で無暗に安くすることの弊害は、あとでまとめて議論するが、適正な報酬水準というのはあるはずである。少なくとも、信託報酬は全額が運用会社に帰するものではない以上、ノーロード型の場合、相当な割合で販売会社がとるはずである。結果、運用会社は身を削って充実した運用をするか、受け取り信託報酬に見合った「そこそこの運用」をするしかなくなるのだから。

Ⅱ　投信の手数料は安いほうがいいという誤解

ポイント

(A) 投信会社の費用は、人件費（ほぼ固定）、リサーチ費用（変動化）、装置費用（法定要件充足に必要）が主なもの、調整はリサーチ費用が主体
(B) 収入が安ければ、いい人材の確保も、維持もできないので衰退あるのみ
(C) 収入が下がれば、最初にカットされるのはリサーチ費用。情報端末の台数制限に始まり、出張旅費のカット

投信の手数料は安いほうがいいのか？

前職でプライベートバンクの商品ヘッドをしていたとき、グローバルで行われる商品ラインのビデオ・カンファレンスで、いつも日本の事情が不思議がられていたのが、その手数料の高さである。とりわけ、投資信託も、仕組債も、債券も、それらの販売手数料の高

残高上位投資信託の日米比率と
投信の平均販売手数料の推移

日米の投資信託の残高上位5本を比較すると
以下のとおり

	規模（純資産）の平均（兆円）	販売手数料	信託報酬（年率）	収益率（年率）
		平均（税抜き）		過去10年平均
日本	1.1	3.20%	1.53%	▲0.11%
米国	22.6	0.59%	0.28%	5.20%

主要行等8行及び地域銀行10行、
証券会社大手5社へのヒアリングベース

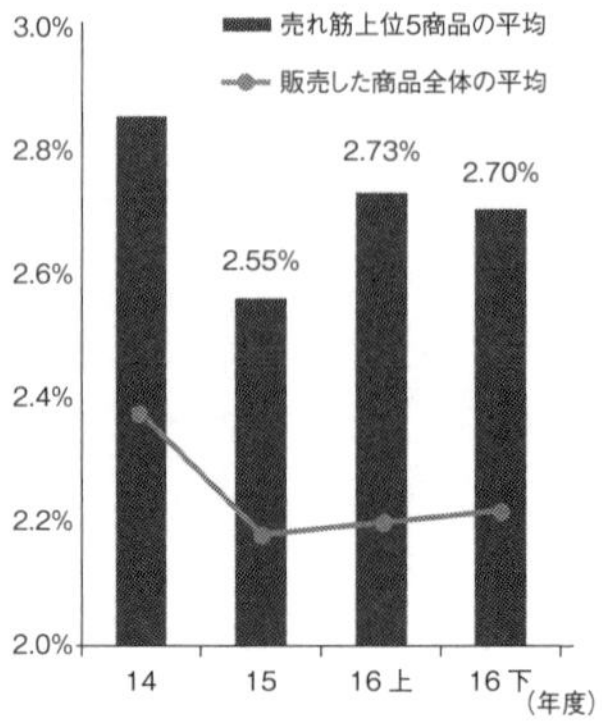

さについては、海の向こうの外国人たちがいつも不思議がり、驚いていた。

手数料1％を100bp（ベーシス・ポイント）などといういい方を業界内ではするが、ゼロの数が違うのは筆者の語学力のなさがゆえの間違いではないかと笑われたことさえある。それほどに日本の販売会社がとる手数料は高い。

上の資料は金融庁の調べによるものなので、データの信憑性については疑う余地がない。まず、左側の「残高上位投資信託の日米比較」を見てもらえれば、良識ある金融人ならば、わかっていたとはいっても、改めて言葉を失う惨状がそこにある。

要点をまとめると、残高は小さく、手数料は高く、パフォーマンスは悪いと、まさに三重苦である。どこ一つとってもほめるところがない。

販売手数料も、信託報酬も、日本は米国の約5倍にもなる。それでもパフォーマンスがよければまだ許されるが、日本はマイナス0・11％、翻って米国のそれはプラス5・2％。日本は信託報酬すら賄いきれていないどころか、預けておけばおくほど、元本は目減りしていくあり様だ。

さらに悪いことに、同じように「主要行等8行及び地域銀行10行、証券会社大手5社」での売れ筋投信のトップ5本を分配頻度別に集計すると、全体の66％、2／3が毎月分配型である。第一章で説明した通り、毎月分配すること自体は顧客の一部に厳然としたニーズがあり、そのキャッシュフローを提供することを筆者は否定しない。しかし、全体の2／3は多過ぎるし、明らかにタコ配ファンドが横行していた事実に鑑みれば、情けないの一言に尽きる。

もう1つの問題点をあげると、やはり販売手数料の高い投資信託が売れているということで、平成15年には当局の指導もあり、いったんは手数料偏重の動きにブレーキがかかりかけるものの、喉元過ぎればなんとやら、徐々に再び平均手数料は上がり始めている。

これはあえて解説するまでもないと思うが、すでに説明したように、金融マンが満面の笑みとともに説いていた商品説明の能書きは、お客様を思ってのことではなく、お客の懐の福沢諭吉のことを思ってのことであったという証左であろう。

ただ、信託報酬の日米格差については少々説明を要する。

実は、これは残高がどのくらいあるかという問題が、かなり大きく影響している。純資産の平均値を見てわかる通り、米国のそれは1本当たりの平均で日本の20倍を超える。信託報酬は運用資産残高がある限り、販売会社と運用会社に入るものだが、ファンドのサイズがある一定水準を超えてしまうと、サイズが2倍になったからといって、手間が2倍になる訳ではない。

運用サイドは管理銘柄数が増える（議決権行使なども大変になる）など、多少負担が増加するが、少なくとも販売会社サイドは100万円分のファンドをお持ちのお客様と、1億円分お持ちのお客様宛にする運用概況の説明が異なることは基本的にあってはならない。運用報告書を郵送する手間も、金額スライド制で通数や桐の箱入りにでもするのでなければ、投資家の保有残高に関係なく当然一緒である。従って、ファンドが巨大になればなるほど、販売金融機関の限界利益率は限りなく高くなる性質を持っている。

こうした背景もあり、米国などのファンドは、運用純資産額に応じて各種手数料が逓減するような仕立てがとられている場合が多い。それでも、日本の残高上位5本のファンドの純資産規模は平均1・1兆円なので、1本当たりの信託報酬1・53％は約168億円に相当する金額が、一方、米国の残高上位5本のファンドの純資産規模の平均は22・6兆円なので、その1本当たりの信託報酬0・28％は約633億円と約4倍にも相当する金額が金融機関に入っている。だからこの状況をもってして単純に信託報酬の料率が、日米を比較してどっちが高いか安いかを論じるのはフェアーとはいえないのかもしれないが、販売手数料にはこの言い訳はきかない。

日本では販売会社がとり過ぎているという批判があっても、それはおかしくないのかもしれない。筆者も正直にいって、販売会社がとっている販売手数料と信託報酬の合計は多いと思っているのが偽らざるところである。投資家のとるリスクとその結果に比して、日本の手数料体系は高過ぎる。少なくとも、販売時に販売手数料をとるのならば、信託報酬の内訳に占める販売会社の分は、もっと安くできるし、そうするべきだと思っている。

大手証券の売れ筋ファンドの信託報酬の内訳

ファンド名	合計	委託会社	販売会社	受託会社
新シルクロード経済圏ファンド	1.71%	0.85%	0.80%	0.06%
グローバル・フィンテック株式ファンド	1.75%	0.85%	0.85%	0.05%
フィデリティ・USリート・ファンドB	1.33%	0.70%	0.60%	0.03%
三井住友・日本株オープン（1994年設定）	0.80%	0.40%	0.30%	0.10%

最近の投資信託の信託報酬の内訳を考える

投資信託の信託報酬は次の3者が、あらかじめ決められた比率で分配してファンドの中から受けとる形になる。従って、販売手数料のように、投資家は明確に支払った意識は生じないかもしれないが、きちんと投資家の運用資産の中から支払われている。

参考までに近時の大手証券会社の売れ筋ファンドの信託報酬の内訳をお見せしよう。上の図表のとおりである。

委託会社とは運用会社のことであり、受託会社とは有価証券の管理などをする信託銀行を指す。第一印象は、すごく値上がりしたものだというものだ。参考までに最下段に「三井住友・日本株オープン」も例示しておくが、日銀の黒田総裁もうらやむインフレ率で信託報酬は値上がりしている。

また、信託報酬料率表の見方で説明を要するものがある。その代

信託報酬の配分および実質的な負担の上限

（年率）

	支払先	料率 販売会社ごとの純資産総額※1 250億円未満	料率 販売会社ごとの純資産総額※1 250億円以上	役務の内容
ファンド	委託会社	0.4%（税抜）	0.3%（税抜）	ファンドの運用とそれに伴う調査、受託会社への指図、法定書面等の作成、基準価額の算出等の対価
	販売会社	0.7%（税抜）	0.8%（税抜）	購入後の情報提供、運用報告書等各種書類の送付、口座内でのファンドの管理および事務手続き等の対価
	受託会社	0.02%（税抜）		ファンドの財産の保管および管理、委託会社からの指図の実行等の対価
投資対象とする投資信託証券		料率		役務の内容
	マスターファンド	0.8%（上限、本書作成日現在）		投資信託財産の運用・管理等の対価
	Amundi Funds キャッシュ・USD	0.1%（上限、本書作成日現在）		
実質的な負担の上限		2.0096%（税込）		—

残高による信託報酬の内訳変化

ファンド名	合計	委託会社	販売会社	受託会社
日興レジェンド・イーグル・ファンド（250億円未満）	2.02%	1.30%	0.70%	0.02%
日興レジェンド・イーグル・ファンド（250億円以上）	2.02%	1.20%	0.80%	0.02%

表例の1つとして、まず「日興レジェンド・イーグル・ファンド」を紹介するが、目論見書に記載の内容は次の表の通りとなる。このファンドは、海外に設定されているマスターファンドを、国内投資信託で包む形の商品で、国内の運用会社の役割は追加解約に合わせたマスターファンドの売買と短期金融市場での余資運用で、実質的な運用はマスターファンドのほうで行われる。

おそらくこの表を見て、

意味がすぐに理解できる人は少ないと思われるが、大変興味深い作り込みになっているのは、ファンドの残高が250億円を超えると、信託報酬の総料率は変更ないものの、販売会社の取り分が増え、委託会社のそれが減ることである。250億円までは販売会社の手数料は0・7%であるが、それを超えると0・8%に増額される。また、販売会社の信託報酬における取り分の役務は、何かも明示されているが、「購入後の情報提供、運用報告書等各種書類の送付、口座内でのファンドの管理、および事務手続き等の対価」ということである。

そもそもの絶対水準がすでに高いという議論は脇に置いておいて、この役務の対価が純資産総額が増えると、運用会社が0・10%相当分を放棄して販売会社に付け替えるということの意味は何であろうか。

前述のように、残高が増えても手間はそう変わるものではないという前提に立てば、（筆者の認識する以外の作業が発生しているのかもしれないので、あえて断言を避ける）、「もし250億円以上販売していただいたら、当社の取り分を減らして御社に回しますよ」という運用会社と販売会社の裏約束が表に見えているとしか考えられない。

米国流の発想ならば、本来、信託報酬料率の総額が減り、投資家にとってハッピーなほうへ向かうはずだが、運用会社と販売会社間で付け替えて終わりである。といっても、運

「野村インド株ファンド」の信託報酬の内訳

ファンドの純資産総額		300億円以下の部分	300億円超500億円以下の部分	500億円超1000億円以下の部分	1000億円超の部分
信託報酬率		年2.16%（税抜き年2.0%）			
支払先の配分（税抜）および役務の内容	〈委託会社〉 ファンドの運用とそれに伴う調査、受託会社への指図、法定書面等の作成、基準価額の算出等	年0.95%	年0.97%	年0.99%	年1.00%
	〈販売会社〉 購入後の情報提供、運用報告書等各種書類の送付、口座内でのファンドの管理および事務手続き等	年0.95%	年0.95%	年0.95%	年0.95%
	〈受託会社〉 ファンドの財産の保管・管理、委託会社からの指図の実行等	年0.10%	年0.08%	年0.06%	年0.05%

用会社自体も、マザーファンドの信託報酬は下がっていないので、販売会社に付け替えた後でも１・20％と高い料率設定でじゅうぶんに潤っていることは事実である。その下の表（３０７ページ）がその要約として筆者が読み替えたものである。

もう１つ異なるパターンで興味深い信託報酬体系のファンドをご紹介する。これは、「野村インド株投資」というファンドの目論見書に記載されている信託報酬の料率であるが、残高が増えるにつれて、運用会社である委託会社分が０・95％から１・０％まで徐々に増えていく。その一方で、その増えた分相当は受託会社、すなわち、信託銀行が腹を切る形になっている。販売会社分は０・95％と相当に高いと思うが、変動はなく、よって投資家にとっては何の恩恵もないのは、先の「日興レジェンド・イーグル・ファンド」と同じだ。

正直なところ、筆者にはこの力関係はわからない。強いていえば、受託会社である信託銀行がよほどこのファンドを受託して大きく育てたいと考えたということになるのだが、不思議といえば不思議な構図である。それにしても、販売会社の取り分が０・95％とはあまりに高過ぎるだろう。購入後の情報提供はそんなにコストのかかるほど高度な内容ののが頻繁に行われるのだろうか？　筆者の知る限り他と変わり映えしないものである。

このファンドを１００万円分購入すると、年間で９５００円、毎月約８００円分の費用を提供することになる。それに見合ったサービスを受けているかを顧客に一度聞いてみたいと思う。

いずれにしても、まずいえることは信託報酬総額が近時は相当に高くなったということ。その中で、やはり販売会社の取り分が、実際に提供されている役務、すなわち「購入後の情報提供、運用報告書等、各種書類の送付、口座内でのファンドの管理および事務手続き等」という負担に対して、あるいは運用会社が実際にしていることに比べて、異常なまでに高いと感じるということである。

運用会社の役務とは

ファンドの目論見書に記載があるので、それをそのまま引用すれば、「ファンドの運用とそれに伴う調査、受託会社への指図、法定書面等の作成、基準価額の算出等」となる。

実際は20年以上前からファンドマネージャーや専門の営業担当者が販売会社の各拠点を回って、対顧客向けや対販売員向けの勉強会をしており、特に証券会社に比べて銀行は店舗数が多いことから、「地銀をたくさん販社にすると営業が回らなくなるが、郵貯が始まったらどうなるのだろう」とよくいわれていた。その後、現場がどうなったかまではフォローしていないので何ともいえないが、運用会社の役務としては、昨今相当な部分を占めるようになっている。

さてここで議論をしたいのは、投資信託にとって一番大切なこととは何であろうかということである。

それは時代がいくら変わろうとも、「運用パフォーマンスが良好であること」に尽きると考えるが、いかがだろうか。販売員のアフターケアがよいとか、説明資料がわかりやすいということも重要だとは思うが、投資家が一番求めているのは、「運用パフォーマンスの向上」に尽きるはずだ。誤解されている人もいるかもしれないが、この点において投資家とファンドマネージャーは常に投資家とベクトルの向きは同じであり、利害関係は完全に一致している。

なぜかといえば、お客様の頭にあるのは、各種手数料を含めて常に「投下した総資金に対する絶対的な利回り水準の向上」であり、仮に手数料がいくら高かろうと、それらを埋めてあまりある高パフォーマンスを叩き出せば、誰も文句はいわない。

しかし、例えば販売時に手数料3・24％（税込）のほかに、その後に毎年信託報酬が1・836％（税込）もとられていたら、初年度は合計で5・076％ものマイナスからのスタートとなる。ゴルフで言うなら、バックティーからティーショットをする感覚というよりは、前のホールのティーグラウンドから打たされる感覚だ。

お客様とイーブンな関係で、双方の取り分が一緒になるためには10・152％も年間収益を上げて初めて、お客様と金融機関側の取り分が同一になる訳だから、手数料系の合算が高いファンドの運用はファンドマネージャーとして引き受けたくない代物である。

このマイナス金利の世の中で、5％の収益を上げるのは、よほどの強気相場の中でなければ、そう簡単なことではない。

運用会社の費用は、人件費とリサーチ費用、それに装置費用でほぼ１００％になることはすでにお話ししたが、収入が減ると最初にカットされる費用は、実はリサーチ費用であることはご存じないかもしれない。

日本のファンドマネージャーの多くは、筆者の知る限りにおいて、多くは普通の総合職であるため、運用の巧拙などで年収が大きく変動したりすることはない。

もちろん、年俸契約でガッツリ稼いでいる人もいるし、以前話題になった〝年収10億円超のサラリーマン〟といったファンドマネージャーも実際には存在する。外資系なら結構チャレンジャブルな状況にあるかもしれない。しかし、ほとんどは成績がよくても悪くても、そう大きな変動がない雇用形態で就労しているはずだ。これは、運用会社の他の職、すなわち、営業や経理に従事する人も当然一緒なので、運用会社の唯一の売上である信託報酬が減っても、そう簡単に人件費を減らすことはできない。リストラがない訳ではないが、日本では外資系といえども、そう簡単にリストラができる訳ではない。

装置費用に関しては、とりわけ投資信託の勘定系システムについては固定費と考えてよい。大体、基本費用があり、それにファンドの取扱商品別にオプション費用が上乗せになっているので、それを減らすというのは容易なことではない。例えば、デリバティブの勘定系を放棄するとか、為替の部分は手計算にするなど、現実的でないソリューションを考えるならば話は別だが。筆者は運用会社の社長時代、それも真剣に考えたことがある。

結局のところ、一番簡単に変動させられる費用項目といえば、リサーチ費用になる。

リサーチ費用というと、主に2種類になるが、①情報端末系に関わる費用、②アナリストやファンドマネージャーが調査のために出張する旅費交通費の2つが大きな項目である。

業界が不景気になると、最初に解約されるのが、現場では一番重宝しているBloomberg端末だ。情報内容が豊富で、使い勝手もいいので、ファンドマネージャーには一番人気の情報端末になるが、一台の契約料が月約20万円、一方でQＵＩＣＫは一番安く1台の契約料が月約3万円なので、まずコスト見直しの大号令がかかると、最初に槍玉にあがるのがBloombergである。実際、前職で商品ヘッドだったときは、そもそもBloombergの導入など夢のまた夢であった。「Ｙａｈｏｏファイナンスで株価を見る商品ヘッド」などと自嘲していたが、これが実態だった。バジェットの決裁権限者が運用畑や市場部門出身者ではないと、どうも株価さえチカチカしていれば、どれもこれも同じに見えるらしい。

次に減らされるのが、出張予算だ。ときどき証券会社主催の団体旅行みたいな工場見学に、物見遊山気分で参加するファンドマネージャーもいるので、それらが足を引っ張っているという点も否定しないが、地方に本社がある会社へ企業訪問をするコストが次にカットされる。

海外出張など、夢のまた夢となる。管理会計制度をきちんとして、ファンド別にバジェット管理をしてくれと過去に何度も役員に直談判したが、赤字部門の年金運用サイドがそれではまったく立ち行かなくなるので、当時の社長は頑なにのらりくらりと話をかわしていた。

要するに、運用会社がまともにランニングできる適正水準の信託報酬をもらわないと、結局はまずこうしてリサーチ費用が削られる。それでも、それが一時的なものならばいいのだが、それが恒久的に続くことになると、リストラをする前に、優秀なファンドマネージャーのほうから会社に三下り半を突き付けられて、転職されてしまう。

ボーナスも安く、運用環境も思うに任せないならば、他社に移って一花咲かすチャレンジをしてみたいと思うのが、ファンドマネージャーの心意気でもあるからだ。結果、何が起こるかといえば、情報端末のない運用部門に、容易に転職もできない品質のファンドマネージャーが残るという図式となる。パッシブ運用ならともかく、アクティブ運用の場合はファンドマネージャーのよし悪しが命。信託報酬が安いほうがいいという安易な議論は、とんでもない危険性を孕んでいる。つみたてＮＩＳＡのアクティブ運用ファンドに対するこの点のリクワイヤメントは、下記の通りだ。

①国内資産を対象とするもの
・信託報酬：１％以下（税抜き）
②海外資産を対象とするもの
・信託報酬：１・５％以下（税抜き）

これが販売会社と折半ということでなければ、まだなんとかなるだろう。ただ、ノーロード型なので、販売会社の信託報酬比率が高くなることが往々にしてあるため、適したファンドがそもそもないことにもなりかねない。

Ⅲ

投資は自己責任というが、自己責任の概念そのものの誤解

ポイント

(A)　損をしても文句をいわない「物わかりのいいこと」ではない
(B)　自らの判断で、投資方針等を決断し、その結果、責任をとることが自己責任
(C)　ただし、金融機関側にはじゅうぶんな説明義務と、適合性判定の義務がある

自己責任の原則ってなんだろう

「投資はリスクを理解した上で、自己責任でお願いします」という文言は、金融商品のパンフレットにはつきものの定型句である。ただ、多くの人と接してみると、「投資の自己責任原則」という意味について、正しく理解していると思われる人は、案外と金融機関側、投資家側の双方にいないものである。

これは、それが導入された1990年代中頃の事例が尾を引いているのか、そもそも「腹切り」文化の日本人気質がそうさせているのかわからない。端的にいえば、日本人投資家の自己責任の原則についての理解の仕方が、「結果については、いかなる場合でも、他人（業者）のせいにしないで自分の不甲斐なさ・責任だと思い込むこと」というような、どこか切腹に似た潔さ、物わかりのよさを感じさせる。

日本証券業協会が同Webサイト上に「株式投資の心構え 自己責任の原則」というのを掲載しているので、それを引用する。

「ファッションやアクセサリー等の装飾品や、つり竿やゴルフクラブ等趣味に関してはよく研究し、根気よく自分に合ったものを選ぶ人が多いのに、お金のことになると、「よくわからないから（営業員に）任せるよ」とか、「何か儲かるものはない？」などと、他人任せな人が意外に多いようです。これはトラブルのもとです。

また、他人に任せておいて、失敗したときだけ他人のせいにするという、虫のいい人も少なくありません。自分のお金を自分で管理せずに、結果に関しては他人を責めるというのは、いかがなものでしょうか。

他人任せは後悔のもとです。周りの意見を参考にしつつも、最終的には自分自身の判断で投資できるよう、正しい知識を身につけるとともに、自分なりの投資基準を見い出していただきたいものです」

（出所：日本証券業協会）

これが、日本証券業協会が示している「自己責任の原則」についての説明なのだが、僭越ながら、これさえも「自己責任の原則」を正しく言い表しているとはいえない、というか違和感を覚える。

その理由を明らかにする前に、次の2つの文例のニュアンスの違いを考えていただきたい。

①　自己責任とは、他の誰も責任を負わない結果として、本人が負わされる負担

②　人が自由な意思に基づいて自ら選択したのだから、その選択の結果についてはその人が責任をとらなければならない

前者の①は「結果に対するすべての責任から他人が負う責任を引いた残りの部分が、自己責任の対象」という考え方なのに対して、後者②は「自らが自由な意思に基づいて選択した行為による結果」ということになり、一般に証券業界をとり巻く環境の中では、自己責任とは後者の考え方でとらえられている場合が多い。

証券業協会のそれも②である。ちなみに、命にかかわるスキューバダイビングの指導の世界では、前者の①であり、インストラクターが追うべき責任を引いた残りの部分を自己責任としてレジャーダイバーのものとする考え方が一般的である。これは大きなヒントだ。

民法の大原則の1つに、「過失責任主義」というものがある。いわゆる**「過失責任主義とは、「過失なければ責任なし」という原則**のことだが、注意しなければならないのは、**「過失あれば責任あり」**ではないということだ。あくまで過失がなければ責任を負わないということであり、過失があるから責任を負うのではない。過失があっても責任を負わない例というのは、いくらでもある。例えば、民法でいうところの不法行為責任はその要件として

1．故意または過失

2. 違法な権利侵害
3. 損害の発生
4. 因果関係

が必要だ。この4つの要件を満たして初めて不法行為責任が認められる。すなわち、1番目の故意、または過失という要件を満たしても、違法な権利侵害がない、因果関係がない場合には、責任は認められない。

ところが、「自己責任」は自らに過失がない場合や、法律上は責任（不法行為責任）が発生しないような場合にもいわれる。この違和感の源泉は、「自らに過失がなく、責任を負わない場合も含まれているにもかかわらず、そのような場合についても『責任』という言葉を使っている」ことにある。

例えば、株で損した場合、自分が買ったときより株価が下がれば損をする訳だが、「株価が下がる」ことについてはなんら過失は自分にはない。従って、この場合は、本来「責任」を負う場面ではない。にもかかわらず、「自己責任」という。

一方、民法では契約当事者において両方になんら帰責性なく目的物が滅失してしまった場合についての規定を置いている。これを、「買主が危険を負担する（危険負担）」という。

すなわち、誰にも過失（帰責性）がないときに発生するのは、「危険」であって、「責任」ではないということだ。この点からすると「自己責任」は、「自分のリスク」という意味でも使われていることになる。この「自分のリスク＝危険」というのが、「自己責任」という言葉によって覆い隠されている意味だということだ。

少々専門的なまわりくどい説明をしてしまったが、ポイントは「自己責任」といわれても、その責任の範疇はすべてが投資家に帰するものでない以上、その部分はきちんと金融業者に問い質し、納得しておかなければならないということだ。その意味では、証券業協会がいう「正しい知識を身につけるとともに、自分なりの投資基準を見い出していただきたい」というのは、重要な部分かも知れない。しかし、昨今の金融商品の中には相当に複雑になってきているものも多く、まただいぶ改良されて来たとはいえ、目論見書も、販売用資料も、運用報告書も、まだまだわかりづらいところが多い。

どうしてこうしたことにこだわるかといえば、専門家であるはずの筆者でさえ、読み込んでも「このファンドはどうしたら儲かるんだろうか？」と、ときどき疑問が湧くものが出てくるからだ。冷静に販売用資料と目論見書を読み、株が上がればよいのか、債券市場が動けばよいのか、為替や商品市場が動けばよいのかなどと考えてみるが、肝心な部分の説明がろくにされていないため、さっぱりわからないものがある。

にもかかわらず、それなりな販売実績を上げたりする。これで筆者が投資家で「結果は自己責任ですから」といわれたら、きっと「販売員の責任として、どうなったら収益が上がり、何がリスクで、どうしたら損失が出るのか説明してください」ときっと食ってかかるだろう。この手のファンドは、ヘッジファンドを国内に持ち込んだものに多い。

もう1つの例は、講演会やセミナーの最後の質問時間で、「先生の説明は大体わかった。だから、何か儲かる面白い銘柄を1つ2つ教えてくれ」という質問が、ほぼ毎回必ず出てくることだ。

講演内容を60分から90分巻き戻して、最初からもう一度よく聞いてほしいと思ってしまうが、だいたいそういう人のいうことは、「わかってるって。結果は自己責任なんだろ、先生のせいにしたりはしないから、面白い銘柄を教えてくれ」というものだ。完全に自己責任という言葉を履き違えている。損をしても文句をいわないことが「物わかりのよい、自己責任のまっとう」ではない。

自己責任をまっとうしてもらうための金融機関の責任

前段で、「過失がなければ、責任はない」と民法上の解釈をご紹介した。すなわち、株価が下がること自体に投資家の過失はないので、株価が下がることによって損失が発生することに責任はない。ただ、「株価が下がった場合には、損失が発生します」と説明された上で購入した結果、株価が下がって損失が発生した場合は、似て非なる状況ということになる。

そういう性質のものであることを理解して購入しているので、過失というには言い過ぎ感もあるが、少なくとも、意図的にそうした仕組みのものに資金を投じたことは否めない。

逆にいえば、販売金融機関側にじゅうぶんな商品説明の義務があり、その説明責任を果たした上で、適合性の原則なども考慮し、さらに信託報酬の販売会社受け取り部分に見合う役務の提供「購入後の情報提供、運用報告書等、各種書類の送付、口座内でのファンドの管理および事務手続き等の対価」があって、初めて結果については「自己責任」として投資家側の責めとなる。

これらいずれかが金融機関側で欠けていた場合、金融機関側に過失があったことになるので、状況は一気に変わるといってよい。

スキューバダイビングは、陸上で生活し水中では呼吸ができない人間が、特殊な装置を身にまとって呼吸を確保することで、水中という非日常的で感動的な世界を（リターン）味わうマリン・レジャーである。

ただし、日常的に人間が暮らす環境と異なるため、予期せぬ出来事が発生する可能性は排除できず、その起こりうるリスクをじゅうぶん説明した上で、「ＰＡＤＩ安全潜水標準実施要項了解声明書」なる書類にお客様の同意サインをもらう。

その書面の結びにはこう記載されている。

「私は、上記内容をよく読み、不明な点に対しては説明を受け、納得しました。私は、これらの実施要項の重要性と目的を理解しました。これらを守ることが私自身の安全と楽しみのために必要であることを理解し、ダイビングするにあたって、これらの実施要項を守らない場合には、私自身を危険な状況においてしまう可能性があることを認識しています」

実はこの書類、ダイビングの資格と呼ばれるオープン・ウォーター・ダイバーの講習修了認定が済んでいるダイバーにさえも、基本的には毎回サインをもらう。

当然、当日の海況情報は細かくブリーフィング時に伝えられ、万が一、水中ではぐれてしまった場合の対処方法や、不具合が起こったときのサインの出し方の確認などが行われる。インストラクターが、講習時に一度に面倒を見ることができる人数も細かく規準で定められている。そこまで徹した上でも、海況が悪いときにはやむをえず中止命令を出すし、ゲストダイバーの安全を守るために配慮してダイビングが行われている。

このシステムは訴訟大国米国で生まれたシステムであるため、ダイバーの自己責任を追及するためにも、その前提となる状況に関しても、極めて厳しい規準が定められている。

筆者はこのＰＡＤＩのインストラクターの資格を有しているゆえ、日本の証券市場での「自己責任原則」というものに、どうしても問題を感じてしまう。教える側も真剣だし、教わる側も真剣だ。インストラクターの指示を聞き漏らして事故になってしまってから「自己責任だから」と笑えるダイバーはいない。命より次に大事なものといわれるお金を預かる仕事である資産運用業、業界関係者も投資家も、このスキューバダイビングの世界のようなら、もっといい関係になれると思っている。

IV 投資目的を決めるという誤解

ポイント

(A) 投資目的によって投資内容は変わらない
(B) 常に最善の投資を行うこと
(C) 換金できないで困るというのは、そもそもポートフォリオの組み方の誤り

ライフステージによって運用方法を変えるという考え方がある。それはつまり、20代ならば20代の、30代なら30代の、40代、50代、60代、70代、運用の仕方はみな違うはずだというものだ。

実は、筆者も今から約20年前に金融財政事情社から発行した通信教育のテキスト「リスク商品に強くなる」の第3分冊で、同様な運用方法の推奨をしたことがある。

背景にあるのは、所得の伸びと投資可能な期間（人生の残りの長さ）の問題、あるいはライフステージにおけるまとまった資金の必要性、つまり結婚、出産、自宅の購入など、「平均寿命－現在年齢」という期限のファクターの他に、おおむね決まった節目節目の大きな

資金ニーズを考慮した運用をしようという発想だ。

確かに、人生100年時代などといわれるようになり、30代のように収入も伸び盛りである一方で、大きな支出の機会が起こりやすい世代と、すでに会社をリタイヤし年金だけが唯一の収入源である70代の資産運用については、投資期間というファクターをどう考えるか違いはある。また、若いうちは、多少運用資産が市場動向の関係で傷んだところで、主たる収入源は違うところにあるはずなので、思い切ったことができるが、年金生活者にとって投資元金の目減りというのは、収入が年金に限られているがゆえに、なるたけ避けたいことである。

よって、運用方法も年齢の経過とともに自ずと変わって保守的になるはずだという前提で考えた。長期投資という「時間を味方につける」という意味は、若い人ほど残された時間は長いので、挽回しうる時間も長いという意味だと筆者は考えている。

しかし、それから20年がたち、自分が56歳になってみると、あのころの考え方は、少し頭でっかち過ぎたのではないかと思い直している。

仮に、終活のために、流動性が全然ない金融資産を持っているのを、早めに処分換金しておこうという考えであれば、１００歩譲ってそれもありかなとも思うが、基本的にはいくつになっても、そのときどきでベストと思われる投資方法をとることが正解だと考えるようになった。

例えば、「つみたてＮＩＳＡ」であるが、平成30年1月から始めて20年後、筆者はまだ76歳である。もちろんすでに三途の川を渡って、六文銭に使っただけになっているかもしれないが、普通に考えるとその可能性は小さく、現役でバリバリ働いていなくとも、若いころに頭の中で考えた老人とは違う気がする。

余談だが、現在、米国のフィナンシャル・アドバイザーの大きな仕事は、ベビー・ブーマーたちの終活に備えた換金作業であるらしい。すでにリスクをとって資産を増やすステージは過ぎて、取り崩して使う段階に入ってきているので、適正なアセット・アロケーションからはみ出たエクイティなどを売却して、ポートフォリオの流動性を高めているという。これが、その１００歩譲っての根拠でもある。

さて本題に戻って、ここで考えなくてはならないのは、①「長期投資だから、時間が味方して高いリスクがとれる」という考え方の是非と、②投資対象の流動性の問題だ。

②についてのほうが簡単そうなので先に見てしまえば、かつて、たくさんあったヘッジファンドの、「90日前ノーティスの45日後払い」みたいな、流動性のないファンドでの運用以外は、よほどマニアックに投資対象を選ばない限り、そんなに流動性のない金融商品は現在それほど多くない。

ちなみに、仕組債のような運用形態をとっている商品だけは、要注意である。つまり、債券の残存期間中に発生するクーポン利息を利用し、これを生かしてオプション取引を内蔵する商品のことだ。割引債のディスカウント部分でリスクをとりに行くというタイプの発想といえばわかりやすいだろうか。

オプションが上手く条件通りに権利行使できるようになると、早々に元本もリターンとともに帰って来るが、市場が思惑と反対方向に走った場合など、その債券の残存期間の最後まで、その保有を強いられるか、大きな損失覚悟で売却するかを迫られる場合がある。なかには最後まで保有しても、オプションが逆に権利行使されて元本も大きく棄損して返ってくるケースも仕組債同様にある場合がある。こうしたものを内包しているか、そうでないかは要チェックだ。

ただ投資信託の場合に限っていえば、通常、日々時価を算出してマーク・ツー・マーケットされているので、隠れた負債、つまり、反対売買をした段階でいきなり表面化する内在リスクのようなものは極めて稀である。スワップの反対売買がかかるために、期限の利益も絡んで大きなペナルティを払わされる場合もあるが、私募投信ファンド全体を繰り上げ償還するようなインパクトのある売却でもしない限りは、これもその限りではない。

さて問題は、①「長期投資だから、時間が味方して高いリスクがとれる」という不思議な議論だ。これには同意しかねる。

前述したように若い世代ならば、運用で損失を出しても、その後の勤労によって得た収入でそれを補塡できるから、若いうちの運用ならば、高いリスクをとることも大丈夫という考え方は理解できる。

しかし、長期投資をすると、リスクが軽減されるというのは、きっとなにかの読み間違いか、誤解があるのだろう。リスクの概念は標準偏差で表される不確実性だという前提で、1年目に15％のものが、これが5年後に例えば約6・7％程度になるという考え方がもっともらしく説明されるが、筆者はそれに納得していない。

今現在、年率換算で15％の不確実性があるものが、5年後に小さくなることは理屈上でも考えられず、その不確実性は同じように続くはずだ。投資対象の値動きが明らかに変わるのならば話は別だが、年数の平方根で割るような話をするのは理に合わない。

実際、筆者は外資系プライベートバンクの商品ソリューション・チームのヘッドを務め、そのチームの主たる業務の一つが、行動経済学をとり入れたお客様の投資特性の把握と、お客様向けのポートフォリオ提案の作成であったが、そこに年齢を加味するファクターはなかった。もちろん、お客様自身の投資特性が、年齢とともに自ずと変化している部分があれば、それは自動的に投資特性分析の結果として反映されるので、提案するポートフォリオに影響を与えたが、実感としてはそのケースは少ない。

どちらかといえば、年齢を重ねていった場合に気をつけなければならないのは、適合性の原則のほうが大きかった。すなわち、80歳とご高齢のお客様に、生保の劣後債のような30年もの超長期債を販売するのはいかがなものかというようなコンプライアンス上の話である。

やはり正解は、常にそのときにベストと思われる運用ポジションを作り、必要があれば、そのときどきに換金するという方法でじゅうぶんなのではないかと考えている。もし、換金できないで困るという場合があるとすれば、それは、そもそものポートフォリオの組み方が悪いだけで、逆にいえば、必要なときに換金できないポートフォリオというのは、全世代において問題だといえるであろう。そのため、投資目的に従って、投資内容が変わるということはない。

第五章

投資信託のあるべき姿

投資信託にとって一番大切なもの？

投資信託のあるべき姿を考える上で、まず議論したいのは、投資信託にとって一番大切なものは何かである

内容がわかりやすいこと、手数料が安いこと、情報開示が徹底していることなど、色々な要素が出てくるとは思うが、一番大切なことは何か、一番投資家が求めていることは何かといえば、高い運用収益である。

「高い」とあえて書いたことで、きっと賢者の間では議論になるだろうと思う。例えば、「いや高いだけではなく、やはり適切なリスクと適切なリターンというべきだ」とか、「投資家のリスク許容度に合ったリスクテイクと、それに適したリターンだ」とか。

筆者はそれを違うと思っている。やはり一番大切なことは、「高い」リターンであると。シャープ・レシオだ、インフォメーション・レシオだ、あるいは、ボラティリティだ、標準偏差だと、普通の個人投資家が普段馴染みのない用語を並べ立てて、洗脳教育紛いの能書きは不要だと思う。要はきっちり、たっぷり稼げばいい。「俺様、博識君だから」とどや顔で知識をひけらかす前に、ファンドマネージャーとしてきっちり結果を出してごらん

と、そういう能書き諸兄には言ってみたい。百の能書きより、1のパフォーマンス。自己顕示欲の塊のように、知識をひけらかして賢者を気取ることはない。

もちろん、一か八かの丁半博打みたいなことをやっても稼げという話ではない。そういう稼ぎ方の問題ではなく、結果として何が一番大切かといえば、儲かっているということに尽きる。ベンチマークに勝とうが、マイナスだったらダメ。リターンは基本的に常にプラスでないと投資家に喜んではもらえない。

稼げるときには、かなり大きなリスクをとっていようと、そこは勝てば官軍、勝ってもいないのに能書きを並べても、投資家は喜びはしない。稼ぎにくいときには、無理に余計なことはしない。情報開示などしなくても、その時々がどんな局面かぐらいの情報は、投資家にも届いているはず。そんな嵐の中でまで無理にアクセルを踏めとは言ってこない。

これは投資家の前で、過去何百回と運用状況説明会をした者の実感としてもいえる。もちろん、手品でもなんでも使ってアクセルを踏めるもんなら、思い切りアクセルを踏んでほしいと思っているが、むしろ、無理してアクセルを踏んで、スリップでもして事故にでもなったらマイナスを大きくするだけで「単なる馬鹿野郎」だと言われるだけだ。

2017年10月の衆議院選挙の行方を見ていて、筆者は改めて確信した。この国の人々はまともだと。台風が投票日に向かって近づくことがわかれば、過去最高の期日前投票をしてでも一票を投じに行く。野党連合が分裂してしまった中では、きっとメディアの賢人たちは色々と言いたいのだろうけれど、客観的に、政権担当能力などを考えた場合の最善の選択をしたのが、この国の国民だと思う。だからこそ、より強く、パフォーマンスが一番だと思う。どう小賢しい能書きを言われようと、専門用語を羅列して「私は何でも知っています」風を装っても、実際にパフォーマンスを挙げたことのあるファンドマネージャーでなければ、ただの知識のひけらかし、自慢話でしかないということを、この国の国民はちゃんと見抜いてくれるだろうと。

そこで総括として、申し上げる。投資信託にとって一番大切なものは、「高いパフォーマンス」であり、そのパフォーマンスがよくなるか悪くなるかの7割から9割は、アセット・アロケーションが決める。第一章でも記した通り、パフォーマンスの源泉はアセット・アロケーションにありということを最後にもう一度確認したい。その上で、どういう運用をするのが理想的なのかを論じてみたい。

アセット・アロケーションはどれだけ重要なのか？

アセット・アロケーションがパフォーマンスの7割から9割を決めるというのは、何も筆者が現場叩き上げの体験談の集大成として言っているのでなく、これはきちんと学術的に証明された話である。

その証拠をいくつかご紹介する。

最初にポートフォリオのパフォーマンスのことを学術的に研究し、発表したのは米国のBrinson、Hood、そしてBeebowerであり、1986年に彼らが発表した「Determinants of Portfolio Performance」（ポートフォリオ・パフォーマンスの決定要因）という論文だ。

米国の91の年金基金の四半期リターン（1973～1985年分）を分析したこの論文では、ポートフォリオの全体のリターンを決定するもっとも大事な要素は、投資する株式や債券の銘柄ではなく、投資のタイミングでもなく、アセット・アロケーションが重要だと結論づけている。

しかも、アセット・アロケーションが、リターンの93・6％を決定すると結論づけている。この論文が、こうしたアセット・アロケーションの有効性検証の火付け役となった。

IbbotsonとKaplanは、同様に58の年金基金の1993年から1997年の四半期リターンを分析した結果、88・0%がアセット・アロケーションが決定要因だとし、日本の企業年金連合会は1200以上の厚生年金基金の90年度から99年度の年度リターンに基づき、91・2%がアセット・アロケーションがパフォーマンスの決定要因だとしている。

もう1つは、2003年にバンガードグループが発表した「ポートフォリオ・パフォーマンスの源泉：揺るぎないアセット・アロケーションの重要性」という調査結果だ。〝平均で月間リターンの変化量の76・6%がアセット・アロケーションによるもの〟と結論づけた。

現在では、ポートフォリオにおけるアセット・アロケーションの重要性が、7割なのか9割なのかという数字の多少の違いはともかくとしても、いずれにせよアセット・アロケーションがパフォーマンスの大半を決定する、非常に重要な要素であるということは専門家の間では共通認識となっている。

アセット・アロケーションを第一章での説明のように、単に「組入比率」と読み替えてみたが、株価が上がるときにはファンドに目いっぱいの株式を組み入れ、株価が下がる局面では、限りなく現金100%に近い状態に持っていければ、そのファンドのパフォーマンスは素晴らしいものになるというのは、誰にでも想像がつくだろう。

そのとき、多少銘柄を間違えて、トヨタを買うつもりが、ホンダやマツダを買ったとしても、東京エレクトロンではなくてアドバンテストを買ってしまったとしても、多少のパフォーマンスのバラツキは出てこようが、株を持っているか持っていないか、すなわち組入比率、要するにアセット・アロケーションが重要だということは感覚的にもおわかりいただけよう。

その上で、筆者なりの理想の「投資信託のあるべき姿」として、まず投資信託は金融商品としてどうあるべきか、そして、そうした商品を使って個人投資家はどのように運用したら、満足のいく結果が得られるかを本書の最終章としたい。

I　商品：

(A)　販売時手数料：ゼロ、ノーロード型といわれる形が好ましい。投資家がその投資信

託で資産運用を開始しようとする初っ端に、税込3・24％もの手数料をとられたら、運用サイドのノルマは増えるばかりである。

また、販売手数料が高額な商品のほうが、中身のよし悪しとは関係なく販売にドライブがかかる現状に鑑みれば、販売手数料などなしでよい。それだと、販売員の人事評価ができないと言い出す金融機関が多いと思うが、それがゆえに銀行窓販開始以降、ノーロード型であるべきと商品選定関連部は理解しているにもかかわらず、ノーロード型はこの20年近く、全然発展していない。それこそ、フィンテックで解決すればよい。担当者がどこの部署に転勤しようが、一度販売した商品の信託報酬については、その後も計算フォローし、賞与計算のどこかでプラスにするなどすれば、販売員もちゃんとお客様が長く持てる投資信託を選ぶようになるだろう。その位のシステム開発はその気があれば容易にできるはず。

(B) **信託報酬**：基本的に信託報酬は、「運用会社分∨販売会社分」の不等式が成り立つこと。その上で、総純資産残高に応じて、合計が逓減すること。ただし、運用会社の運用コストが当初から管理会計でファンド別収支計算をしても早期にプラスが成り立つように、運用会社分≧1％程度の水準から始めるとブティック型の運用会社も参入しやすい。

ただし、これはアクティブ運用の場合のみで総額は内外資産を問わず1・5％まで。パッシブの場合は、総額で内外資産を問わず0・5％以内に収める。

こんな手数料体系にしたら、当初は絶対に販売金融機関から悲鳴が上がる。それでは販売会社が儲からないと。しかし、米国の販売手数料0・59%、信託報酬0・28%でも残高上位5本の平均純資産総額が22・6兆円というのが示している通り、パフォーマンスさえよければ、自動的にファンドは売れるものだ。

米国の平均パフォーマンスが5・20%であるのに対して、日本のそれは△0・11%と純損失である。これでは、販売会社が儲からないから手数料は下げられないという理由を、少なくとも「フィデューシャリー・デューティー宣言」をしている金融事業者は言えないであろう。

ファンドのパフォーマンスがよければ、仮にネット証券チャネルだけという販売ルートの縛りがついた「店頭デリバティブを含む複雑な投資信託」でも、投資家のほうで調べ、情報がSNSで拡散し、自動的に残高が集まるようになるという事実を、筆者はあの「トリプルエンジン」というファンドで自ら経験した。だからこそ、これは自信を持って言える。「パフォーマンスがよければ、ファンドは売れる」。投資信託は金融機関のミルク補給器ではなく、投資家のためにあるべき商品だ。

(C)　商品コンセプトとその賞味期限を明示。アクティブ運用のファンドには、ファンドマネージャーにもライフサイクルがあるように、必ず旬がある。また、マーケットを知っているファンドマネージャー自体が商品開発をすることが一番好ましいことだと思われるが、ファンドのコンセプトには絶対に旬がある。

為替の円高傾向、円安傾向が株価に対してプラスのときも、マイナスのときもあるように（※相関係数がプラスとマイナスを入れ替わる瞬間が実際にある）、1つのコンセプトで20年、30年、あるいは信託期間無期限などあり得ない。不老不死のファンドマネージャーでも登場すれば別だが、アクティブ運用のファンドの賞味期限は、運用会社が責任をもって、その根拠とともに示すべき。筆者の感覚では、それは長くて10年間程度だと思うが……。

これには当然、定量分析モデルのクォンツ運用のファンドも含まれる。プログラムの永続性もそんなに長くはない。AIがどの程度、恒常的にプログラムの基本部分を自らリニューアルできるようになるかは現時点ではわからないが、ビッグデータを読み込んで学習して、動きに対応していく以上、自分の存在もその中に自動的にやがて織り込まれてしまう。それを打破できるのは、コンピュータの論理的思考ではなく、人間の気まぐれのようなものでしかない。

Ⅱ　運用スタイル：果報は寝て待ては駄目

資産運用の世界において、「果報は寝て待て」は絶対に通用しない。世界中で最優秀な部類の人々が、人智の限りを尽くして日々切磋琢磨している金融市場のような世界で、寝て待っているような怠惰な人のところに果報は来ない。

その意味では、「遊んでいるお金にも、働いてもらいましょう」という、どこかで聞いたことがあるようなキャッチフレーズは、単に金融機関がタンス預金を流通させようと考え出した名文句に過ぎない。遊んでいるお金を働く場所に引きずり出したなら、どうやって働かすかを考え、働いているかをきっちりとモニタリングし、場合によっては移動させて、再教育するというPDCAサイクルでも回さなければ、寝ているお金は、いったん目覚めた後、永遠の眠りについてしまう。要するに、死に金になってしまうということだ。

投資家が投資家としてあるためには、安易なショートカット（近道）は考えずに、やはり、ある程度は額に汗して資産運用に臨むしかない。

（A）ホームカントリー・バイアスはかけないで**国際分散投資がお薦め**

まず、第四章で示した通り、長期投資を考えれば考えるほど、日本の人口動態は気になるところ。この先、間違いなく加速度的に労働人口は減少していくがゆえに、有効求人倍率は高位を維持していくのだろうが、国力という意味では、米国やフランスのように移民を自由に受けつける様な政策を取らない限り、人口減少がGDP減少を招き、衰退を続けることだけは間違いない。
仮に、出生率が急激に2倍以上に伸びたとしても、その年齢層が労働人口になって来るには最低でも20年以上はかかる。よってホームカントリー・バイアス、すなわち国内株式と外国株式、あるいは国内債券と外国債券という分類で、国際分散投資を考えるのはナンセンスとしか言いようがない。また、ホームカントリー・バイアスをかけていないことが、米国などの公的年金が日本のそれに比べて継続的に高い投資収益を上げている証左である。

1つの国際分散投資のアイデアとして、次頁のグラフのモデル・アセット・アロケーションを紹介する。投資しているアセットクラスは、伝統的な資産と呼ばれる6つのアセットクラスと、これらと相関性が低いオルタナティブと呼ばれる3つのアセットクラスである。

このモデル・ポートフォリオの期待収益率は約4・0%で、リスクが10・1%。高いか低いかは読者の判断に任せるが、これを参考にポートフォリオを自分なりにアレンジしてみるのも一つの方法だ。ちなみに、この状態から先進国株式を52%にし、新興国株式を19

％にまで引き上げると、期待リターンは5・5％に上がるが、当然その分リスクも14・1％まで引き上がる。

先進国株式のベンチマークはMSCIワールド株式（トータル・リターン）、新興国株式は同じくMSCI新興国株式（ネット・トータル・リターン）であり、先進国国債はバークレイズ・グローバル国債、ハイ・イールド・新興国債券はバークレイズ・新興国現地通貨建国債を利用している。つまり、国内・外国という概念のないベンチマークである。

国際分散投資の
基本アセット・アロケーション

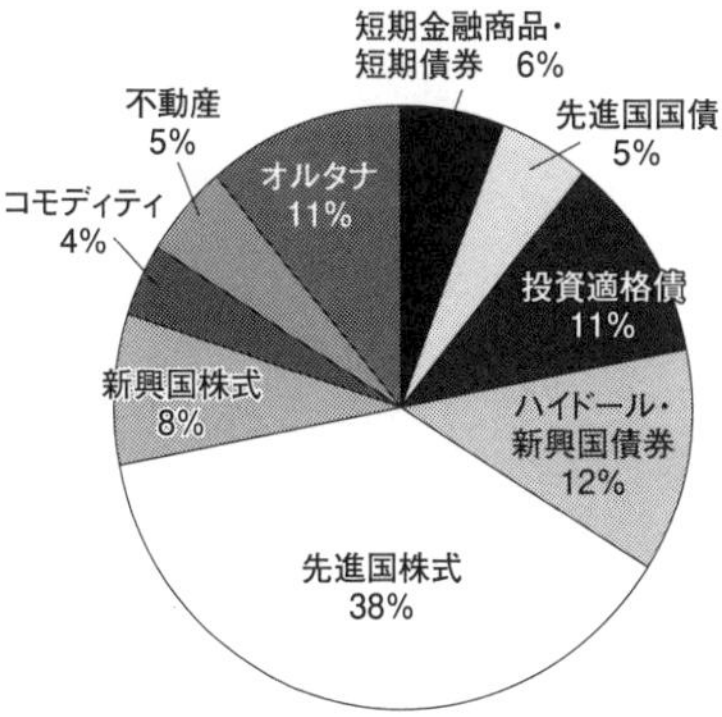

(B)　市場環境に合わせ、大胆に**各アセットクラスを0〜最大100%**まで変更する

これだけ9つのアセットクラスに分散投資をしていても、リーマンショックのように大きく崩れる、つまり、全体的にリスクオフになるような局面においては、すべてのリスクアセットが値を消すことになるので、はっきり言って、そのときの

下げを回避することは無理といえる。

これは、多少株式関係の比率を下げたり、現金・短期債の比率を上げたりしてもまず無意味な、無駄な抵抗といえる。ただ幸いなことに、これも経験則だが、そうしたマクロ的な大きなショックによって多くのアセットのリスク・プレミアムがはがれた現象は、まず間違いなく時間の経過とともに解消されて元の水準に戻ってくる。従って、こうしたときには下手に動かないほうがよいとは積立の項で説明したとおり。

一方で、初動早く動ける自信のある人ならば、大胆に各アセットクラスの比率を0〜最大100%まで変更することも可能であろう。本来的に一番儲かる投資方法は、All or Nothingであり、ただそれが極めて難しいことなので、次善の策としてポートフォリオを組んで、自分に適したリスクで最大のリターンが得られるようなポートフォリオを組もうとするのがよい。

1つのアイデアとしては、ポートフォリオを2つ持つことだ。

実際に持つのは1つの口座の1つのポートフォリオでももちろん構わないが、それを2つのポートフォリオとして管理し、片方が9つのアセットクラスに国際分散投資した状態とし、もう1つのほうで組入を増やしたり減らしたりを大胆に行う。

実はこれ、「コア・アンド・サテライト」と呼ばれる考えに等しいやり方だ。9つのアセットクラスに投資しているポートフォリオがコアであり、サテライトのほうで、得意なアセットクラスへの投資を0～最大100%まで動かしてみる。当然、コアのウェイトのほうがサテライトより高いのが望ましいが、それは投資家が決めることなのであえて強くはリコメンドしない。

実は、ここまで各アセットクラスの比率とベンチマーク、それに動かし方について説明したが、各アセットクラスに入れる投資信託をアクティブ運用にするか、パッシブ運用にするかについては言及していない。その理由は、ベンチマークを明示してアセット・アロケーションを組んでポートフォリオを作ったので、その先についてはあまりこだわらなくても大丈夫だからである。パッシブ運用のものばかりだとつまらないと思えば、アクティブ運用のファンドを入れてみるのもいいだろう。

ただ、一点注意をお願いしたいのは、相当な回転売買になる可能性があるということだ。アセット・アロケーションを派手に動かすということは、ポートフォリオの回転率が上がることと同義であり、投資対象によっては相当に販売手数料がかかる可能性がある。

前述した商品のあるべき姿に類するような投資信託が実際にあれば、無用な心配であるが、現時点においては前述の条件を満たすファンドは極めて少ない。となると、対象となるのはパッシブ運用のファンドか、ＥＴＦを利用することになるが、アセット・アロケーション部分にじゅうぶんアクティブ性があるので、その意味では投資の世界を満喫することもできるであろう。

これならいいというファンドは全くないのか？

世の中には、これはというファンドが全くないといったら嘘になる。

事実、筆者がバークレイズの商品ソリューションチームのヘッドをしていたときにも、お客様向けのファンド・リコメンド・リストを監修していたことがあったので、提案できるファンドはある。ただそうしたセレクション・ファンド・リストも、正直言えば、かなり妥協の産物であったのは事実である。

そこで解決策の1つとして、実は本国イギリスから外国籍投資信託の17本のファンド・シリーズ（各アセットクラスごとに、それぞれ複数のアセット・マネジャーが与えられた運用目的を目指してしのぎを削るマルチ・マネージャー・タイプのファンド群）を、相当な苦労をして一度にすべて公募型投資信託の形で導入した。それらを各アセットクラスのパーツとして、アセット・アロケーションを含めてお客様にご提案したものだが、それらは当該部署専用の取り扱いであったため、残念ながら、具体的な例として今ここでご紹介するのは難しい。

ただ、前述したような運用の仕方を具現化することは、絵空事ではなく事実として可能であり、そうしたファンドが公募投資信託として国内に事実現存しているということだけはご理解いただきたい。

さて、そうした前提をお伝えした上で、筆者が個人的にこれならばお勧めするに足るファンドだと思えるものを3つほど選んでみたのでご紹介する。まず1つめの大きなポイントとして、楽天証券などネット証券で購入すると、販売手数料がゼロ（ノー・ロード）になるファンドであることを最低条件として考えた。その3つのファンドとは以下の通りである。

1　netWIN ゴールドマン・サックス・インターネット戦略ファンドBコース（為替ヘッジなし）

2　フィデリティ・欧州株・ファンド（為替ヘッジ無し）

3　ピクテ・マルチアセット・アロケーション・ファンド【愛称】クアトロ

1つ目のポイントとしては、やはり運用自体を見ている。ベンチマークがあるものとないもの、それに国際分散投資がホームカントリー・バイアスなしに行えるものから選んだ。そして、当然のことながらその個々の運用目的を取り巻くファンダメンタルズを考慮してある。ただ残念ながら、どのファンドにも片目を瞑らざるをえない点は少なからずあるのは事実だ。その一例は、どのファンドも信託期間が「原則として無期限」となっている点である。ただ、これは「銀行の窓販」や「つみたてNISA」への採用を企図したためであるなど、販売上の諸事情があってのことと考え、見て見ぬふりをすることにした。

今後、本書が縷々指摘してきたような内容を踏まえて、よりよいファンドが新しく出てくるかも知れないし、そうなることを期待したい。よって本書出版時点で入手できるファンドの中で、さらに「果報は寝て待て」とばかりに放っておいても大丈夫という意味ではないファンドという前提で、この3ファンドをご紹介する。これらの中から手始めに資産運用の世界に触れてみるのもいいかもしれない。そして、自分で納得いく運用スタイルを徐々に作られることを切に願って本書の締めくくりとしたい。

1　netWIN ゴールドマン・サックス・インターネット戦略ファンドBコース（為替ヘッジなし）

本ファンドに関しては、第一章で流行のもので名称を付けてしまった例としてご紹介したが、「インターネット・トール・キーパー・ファンド」の運用チームとは直接話したことがあり、その組み入れ銘柄の変遷を見ても、やはり米国に根づいたアクティブ運用チームがきっちり運用しているという印象を受ける。これからの時代にもよくマッチしたファンドだと思う。ベンチマークの設定はない。

基準価額　11,976円　総資産　459.2億円
（2017年10月末）

ファンド騰落率　設定来25.24%

2 フィデリティ・欧州株・ファンド（為替ヘッジ無し）

日本で欧州株に投資しようと思うと案外選択肢が少ないことに驚く人もいると思うが、ベンチマークにMSCIヨーロッパ・インデックスを採用したファンドである。欧州株投資のファンドが少ないこともあり、日本の個人投資家は欧州株エクスポージャーを多くの人が持っていない。しかし、人口動態から考えても、欧州は選考しておくべき投資対象であり、無理なベンチマーク設定でない本ファンドは、その目的には合致する。

基準価額 25,258円　総資産 179.8億円
（2017年9月末）

ファンド騰落率　設定来156.87％

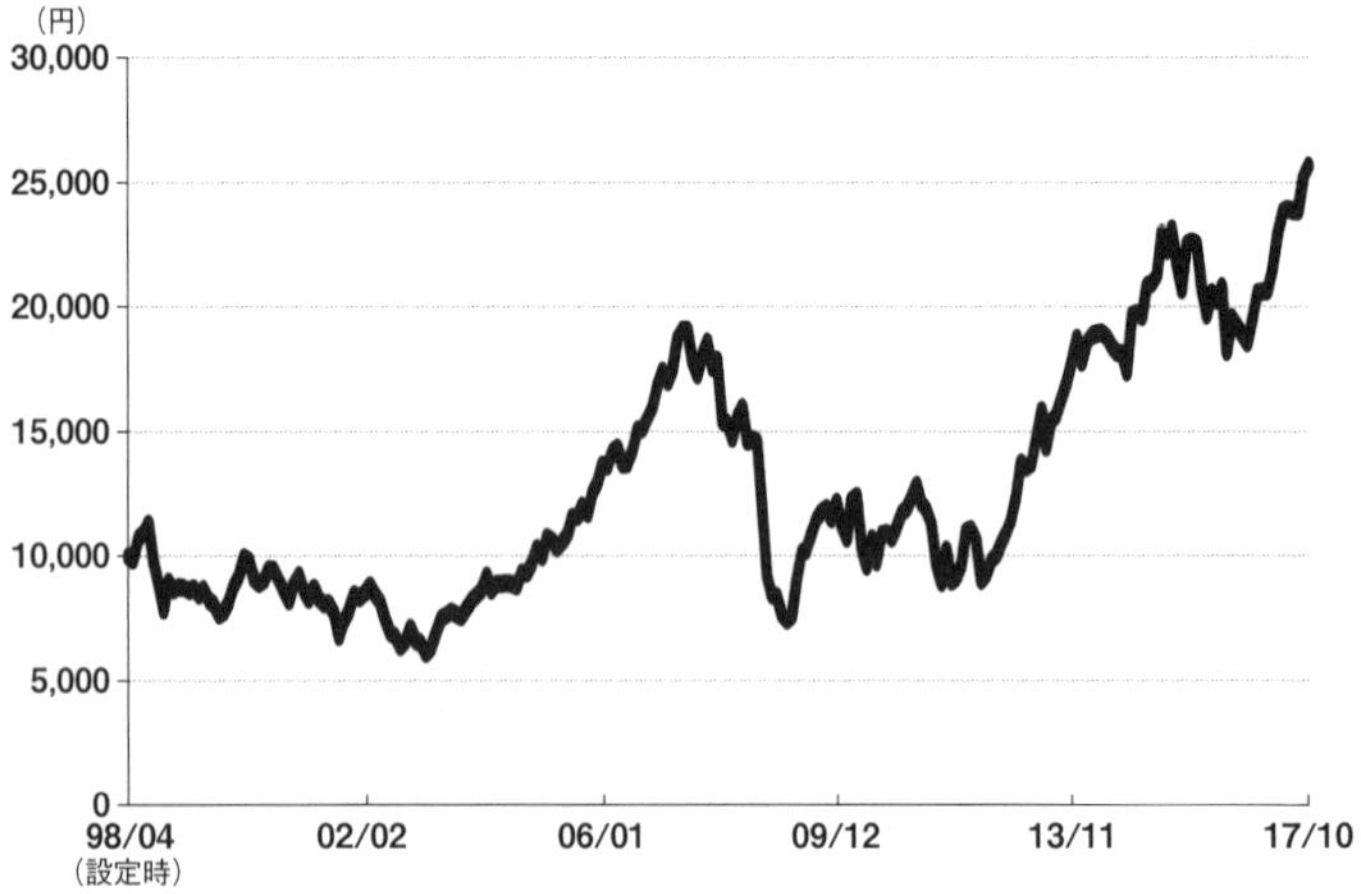

3　ピクテ・マルチアセット・アロケーション・ファンド【愛称】クアトロ

「市場環境に負けない運用」を目指すと標榜して、アセット・アロケーションを機動的に変更することを謳った、ファミリーファンド方式のファンドである。こうした建つけにしてしまったことで、信託報酬の実質負担が2%前後とやや割高ではあるが、販売手数料をゼロで購入することができるので、諦めることとする。一方で、当然にして日本のホームカントリー・バイアスはなく、コモディティやオルタナティブも含む、国際分散投資が可能となるファンドである。

基準価額　10,926円　総資産　226億円
(2017年10月末)

ファンド騰落率　設定来9.26%

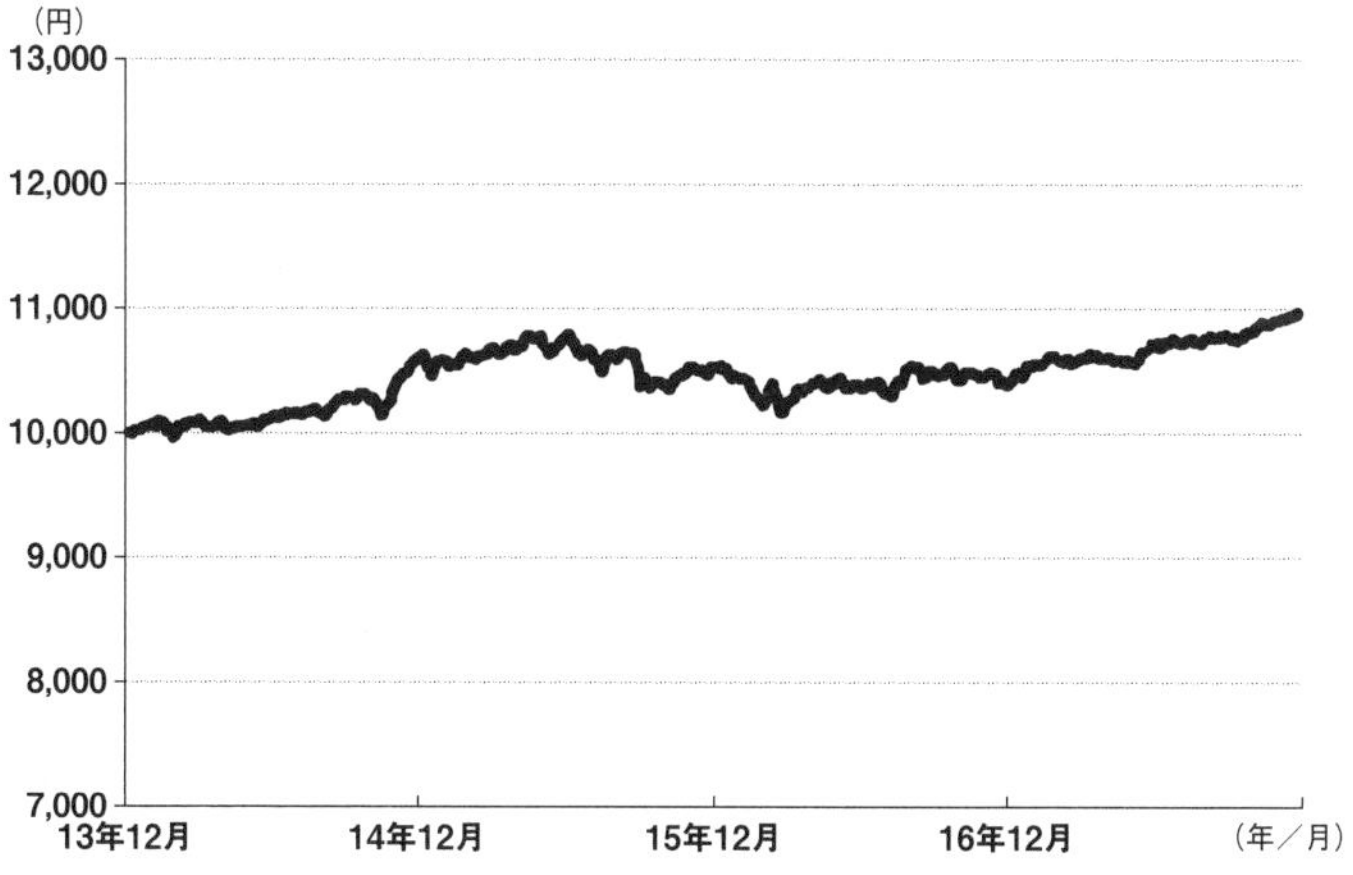

［略歴］

大島和隆（おおしま・かずたか）

1961年生まれ。明治大学商学部卒業後、太陽神戸銀行（現・三井住友銀行）入行。1987年太陽神戸投資顧問（現・三井住友アセットマネジメント）に出向。2005年、同社を退職後、バディ・インベストメント代表取締役社長に就任。2008年、楽天投信投資顧問株式会社代表取締役社長を経て、2012年、バークレーズ・ウェルスISSヘッドに就任。2017年、退職。著書に『入門の金融 投資信託のしくみ』、『入門の金融 ETFのしくみ』（山崎元氏との共著）がある。

編集協力／鈴木雅光（Joynt）

97％の投資信託がダメなこれだけの理由

2018年1月1日　　　　第1刷発行

著　者　大島 和隆

発行者　唐津 隆

発行所　株式会社ビジネス社

〒162-0805　東京都新宿区矢来町114番地 神楽坂高橋ビル5F
電話　03(5227)1602　FAX　03(5227)1603
http://www.business-sha.co.jp

〈カバーデザイン〉ドットスタジオ　〈本文〉エムアンドケイ
〈印刷・製本〉中央精版印刷株式会社
〈編集担当〉伊藤洋次　〈営業担当〉山口健志

ISBN978-4-8284-1999-2